Die Frau in der Literatur

Polina Suslowa

Dostojewskis Ewige Freundin

Mein intimes Tagebuch

Aus dem Russischen übersetzt von
Rosa Symchowitsch

Mit einem Nachwort von
Verena von der Heyden-Rynsch

Ullstein

Die Frau in der Literatur
Ullstein Buch Nr. 30399
im Verlag Ullstein GmbH,
Frankfurt/M – Berlin

Umschlagentwurf:
Theodor Bayer-Eynck
Illustration:
Silvia Christoph

Printed in Germany 1996
Gesamtherstellung:
Ebner Ulm
ISBN 3 548 30399 4

Juli 1996
Gedruckt auf alterungsbeständigem
Papier mit chlorfrei
gebleichtem Zellstoff

Die Deutsche Bibliothek – CIP-Einheitsaufnahme

Suslova, Polina:
Dostojewskis ewige Freundin : mein intimes Tagebuch /
Polina Suslowa. Aus dem Russ. übers. von Rosa Symchowitsch.
Mit einem Nachw. von Verena von der Heyden-Rynsch.
[Ill.: Silvia Christoph]. – Frankfurt/M ;
Berlin : Ullstein, 1996
(Ullstein-Buch ; Nr. 30399 : Die Frau in der Literatur)
ISBN 3-548-30399-4
NE: GT

Inhalt

Mittwoch, den 19. August 1863. Ich bin bei . . . (Salvador) gewesen, der mich sogleich auszufragen begann, was ich getan und ob ich an ihn gedacht hätte. Ich sagte ihm, ich hätte mich am Vorabend des Gedichtes erinnert, das mit den Worten beginnt: »Führ mich auf den Weg hinaus . . .« Er bat mich, ihm den Sinn dieses Gedichtes anzugeben, und als ich dies tat, schien ihm der Inhalt zu gefallen. Im übrigen war er träge und nicht bei Humor; ich fragte, ob er etwa viel gearbeitet habe, und erriet damit das Richtige, doch war außerdem noch etwas an ihm, was mir auffiel, er versicherte aber, sein Zustand sei durchaus normal. Er sagte mir, er habe unangenehme Geldangelegenheiten mit seinem Schwager, der so eine Art Vater oder Vormund sei, und er müsse vielleicht nach Amerika fahren. Ich war zwar darauf vorbereitet gewesen, aber der Gedanke traf mich doch schwer, und das Gefühl von Schrecken und Schmerz muß wohl deutlich auf meinem Gesicht zu lesen gewesen sein. Er küßte mich. Ich biß mich in die Lippen und suchte mit unglaublicher Anstrengung das Schluchzen zurückzudrängen. Hierauf küßte er mich wieder und sprach davon, daß er wahrscheinlich nicht für lange Zeit zu verreisen haben werde; als ich mich wieder beruhigt hatte, fügte er hinzu, vielleicht verlasse er Europa für immer, und forderte mich auf, mit ihm zu fahren. Ich beeilte mich, ihm zu versichern, das sei ohne weiteres möglich, mein Vater werde es mir erlauben und mir auch Geldmittel zur Verfügung stellen. Hierauf fragte er mich wieder, wann ich beginnen wolle, Spanisch zu lernen.

Eben erhielt ich einen Brief von F. M.* Er kommt in einigen Tagen; früher hätte ich ihn gern gesprochen, um ihm alles mündlich mitzuteilen; nun aber habe ich mich entschlossen, ihm zu schreiben:

* F. M. Dostojewski

9. August 1863. »Du kommst etwas zu spät: Noch vor kurzem hatte ich davon geträumt, mit Dir nach Italien zu gehen, und sogar begonnen, Italienisch zu lernen; innerhalb weniger Tage, in einer Woche, ist alles anders geworden. Du hast einmal gemeint, ich sei nicht fähig, mein Herz schnell zu verschenken – nun habe ich es in wenigen Tagen hingegeben, auf den ersten Ruf, ohne Widerstand, ohne Gewißheit, ja fast ohne Hoffnung, daß auch er mich liebt.

Mit Recht habe ich mich immer geärgert, wenn Du über mich in Entzücken gerietest; damit will ich nicht sagen, daß ich mich verurteile, sondern daß Du mich nie gekannt hast, so wie auch ich von mir selbst bisher nichts gewußt habe. Nun leb wohl, Du Lieber!

Gerne würde ich Dich sehen, aber wozu könnte dies führen?

Ich hätte große Lust, mit Dir über Rußland zu sprechen.«

Mir ist zu traurig zumute in diesem Augenblick. Wie großmütig und edel er ist! Welch ein Verstand, welch ein Herz! Salvador hat mich dieses Mal um ein Bild von mir gebeten, mich gefragt, ob ich seine Medizin einnehme und ob mir besser sei. *»Bien vrai?«* fragte er, als ich erwiderte, es gehe mir besser. Noch bevor er mir von seiner Abreise erzählt hatte, erkundigte er sich bereits, wann ich nach Italien fahren wolle, weil ich ihm damals, als wir nur Freunde gewesen, einmal davon gesprochen hatte. Ich erwiderte ihm, daß ich darüber noch nichts Genaueres wisse, vielleicht überhaupt nicht fahren werde, vielleicht aber mit einem Mann, den ich einmal geliebt hätte.

Sonntag, den 23. August 1863. Gestern bin ich bei . . . (Salvador) gewesen, der, wie mir schien, ein wenig böse war, daß ich nicht bei ihm zum Frühstück bleiben wollte und daß unser Beisammensein traurig ausfiel. Ich betrachtete die Linien seiner Hand und sagte ihm, er werde in einer Beziehung Glück haben; ich verstand darunter die Ehe, und als er nun unbedingt Näheres hierüber wissen wollte, meinte ich, ich könne ihm nicht mehr mitteilen, denn sonst müsse ich selbst traurig werden. Er ließ mir lange keine Ruhe, doch ich habe ihm nicht nachgegeben. Er sprach dann von sich selbst und äußerte, er wolle in Paris noch ungefähr vier Jahre bleiben, vielleicht aber doch nach Amerika fahren. Aus all dem erkannte ich, daß er für mich keinen Gedanken mehr übrig hatte. Ich schmiegte mich an seine Brust und fühlte, daß mir Tränen in die Augen traten. Er gab sich alle Mühe, mir ins Gesicht zu blikken, und fragte mich, warum ich traurig sei und woran ich dächte. Ich erwiderte, meine Gedanken beschäftigten sich mit ihm, und als er immer wieder in mich drang, obgleich ich mich bemühte, ruhig zu erscheinen, erklärte ich schließlich ganz entschieden, ich könne ihm nicht mehr sagen. »Sogar vor mir hast du Geheimnisse!« rief er ärgerlich, lud mich aber sogleich zum Frühstück ein. Ich lehnte ab. »Wie es dir beliebt!« sagte er.

Mit einem Male klopfte es. Er meinte, dies sei gewiß sein Freund, und forderte mich neuerdings auf, mit ihm zu frühstükken. Ich lehnte wiederum ab, und als der Freund in das Zimmer trat, setzte ich meinen Hut auf. Salvador begleitete mich in das zweite Zimmer und erkundigte sich, wann ich wiederzukommen gedächte. »Wann bist du frei?« fragte er, »vielleicht am Dienstag? Komm Dienstag, wenn du nicht früher kannst!« Dann fragte er mich noch, ob ich die Medizin einnähme, und bemerkte, ich putzte mir nicht die Zähne. Das wäre nicht gut, meinte er, denn ich hätte schöne Zähne.

Ich habe dieses Mal den Eindruck gehabt, daß er mich nicht liebt, doch ich möchte ihn zwingen, mich zu lieben. Das ist möglich, man muß nur kaltblütig handeln. Ich kenne seine Schwächen: er ist sehr eitel. Vor kurzem fragte er in Gegenwart seines Freundes, wie der Titel meines Romans laute; nie hatte er früher von solchen Dingen gesprochen. Er fragte mich auch, was ich jetzt machte, und bat mich, etwas auf Italienisch zu sagen. Heute habe ich viel nachgedacht und bin nun fast froh darüber, daß er mich wenig liebt, denn das gibt mir größere Freiheit. Auch mich hat die Lust erfaßt, Europa und Amerika zu sehen, nach London hinüberzufahren, um mir dort Rat zu holen und dann der Sekte der »Läufer« beizutreten. Das Leben, das ich mir früher ausgemalt hatte, befriedigt mich jetzt nicht mehr, und ich habe das Gefühl, man müsse sich eine breitere und vollere Existenz aufbauen.

»Was ich mir wünsch'? Gar vielfach sind die
Wünsche.
Die Kräfte drängen, doch wo ist ein Weg?
Oft scheint es mir, als müßt' vor Kampf und Qual
Das Hirn und diese arme Brust vergeh'n.«

Dienstag, 24. August 1863. Heute war ich bei Salvador, traf ihn nicht zu Hause und wartete vergeblich eine ganze Stunde auf ihn. Vielerlei Gedanken und Gefühle beschäftigten mich, wie ich so in seinem Zimmer saß, doch ich bemühte mich, ihnen keine Aufmerksamkeit zu schenken. Ich hatte meinen Kopf in die Hände gestützt, blickte unentwegt auf den Uhrzeiger, das Herz klopfte mir und ohne daß ich es wollte, kamen mir Tränen in die Augen. Ich zitterte bei jedem Geräusch. Ich wollte ihm ursprünglich einen ernsten Brief schreiben, doch habe ich mich zurückgehalten und bloß diese Zeilen verfaßt:

»J étais aujourd'hui à l'hôtel G. et je ne c'ai pas trouvé toi. Pourquoi tu ne m'écris pas que tu ne seras pas à la maison, en savant que ton absence sera à me tourmenter?«

Ich erinnerte mich, daß ich bei unserem letzten Beisammensein gesagt hatte: »Betrüge mich nicht!« – »Ich sollte dich betrügen?« hatte er mir damals mit Würde geantwortet. Aber es scheint, daß er doch von seinen Verwandten an der Leine geführt wird.

Mittwoch, den 27. August 1863. Eben erhielt ich einen Brief von Fjodor Michailowitsch* durch die Stadtpost. Wie er sich auf das Wiedersehen freut! Ich habe einen sehr kurzen Brief an ihn abgesandt, den ich schon früher bereitgehalten hatte. Er tut mir sehr leid! Welche Fülle von Gedanken und Gefühlen wird ihn

* F. M. Dostojewski

bewegen, wenn der erste Schmerz vorüber ist! Ich fürchte nur, er wird es nicht über sich bringen, noch lange zu warten, und wird noch heute zu mir kommen, bevor er meinen Brief erhalten hat. Dieses Wiedersehen würde ich wohl nicht mit Gleichmut ertragen können. Es ist nur gut, daß ich ihn im vorhinein gebeten habe, mir seinen Besuch rechtzeitig anzukündigen! . . . Salvador schreibt noch immer keine Zeile. Dieser Mensch wird noch viel Leid über mich bringen!

Abends. Es ist geschehen, wie ich es vorhergesehen hatte: Kaum hatte ich die letzten Zeilen geschrieben, als auch schon F. M. erschien. Ich sah ihn schon von weitem kommen, wartete jedoch, bis man ihn anmeldete, und zögerte auch dann noch lange herauszukommen. »Guten Tag!« sagte ich zu ihm mit zitternder Stimme. Er erkundigte sich nach meinem Befinden, steigerte mit dieser Frage noch meine Erregung, und auch er wurde von wachsender Unruhe ergriffen.

»Ich dachte, du würdest nicht kommen«, meinte ich endlich, »denn ich habe eben einen Brief an dich abgeschickt!«

»Was für einen Brief?«

»Daß du nicht kommen sollst!«

»Warum?«

»Weil es zu spät ist!«

Er senkte den Kopf. »Ich muß alles wissen!« sagte er endlich nach kurzem Schweigen, »laß uns irgendwohin gehen und sage mir alles!«

Ich schlug ihm vor, zu ihm zu fahren, wir setzten uns in eine Droschke und schwiegen während der ganzen Fahrt. Zuweilen schrie F. M. mit verzweifelter ungeduldiger Stimme: »Kutscher! *vite, vite*«, worauf sich der Wagenlenker umwandte und uns verständnislos anstarrte. Ich vermied es, F. M. anzusehen, und auch er saß von mir abgewendet; doch fortwährend hielt er meine Hand, preßte sie manchmal und machte krampfartige Bewegungen. »Beruhige dich, ich bin ja bei dir!« sagte ich.

Als wir sein Zimmer betreten hatten, fiel er mir zu Füßen, umfing schluchzend meine Knie und rief: »Ich habe dich verloren! Ich weiß es!«

Als er sich beruhigt hatte, begann er mich zu fragen, wer denn eigentlich jener Mensch sei, um dessentwillen ich ihn verlassen wolle. »Vielleicht ist er sehr schön, jung, ein guter Redner; aber ein Herz wie meines wirst du niemals mehr finden!« Ich wollte ihm lange nicht antworten.

»Du hast dich ihm hingegeben?«

»Frage nicht, das ist nicht recht!« erwiderte ich.

»Pola, ich weiß nicht, was recht und was unrecht ist! Sag mir, wer es ist, ein Russe, ein Franzose?«

Ich nannte ihm den Namen und sagte ihm, daß ich diesen Mann sehr liebe.

»Bist du glücklich?«

»Nein!«

»Wie ist das möglich?« fragte er, »du liebst und bist nicht glücklich?«

»Er liebt mich nicht!«

»Er liebt dich nicht!« schrie er auf und griff sich verzweifelt an den Kopf. »Du liebst ihn also wie eine Sklavin! Nicht wahr, du gehst mit ihm bis ans Ende der Welt?«

»Ich fahre aufs Land!« sagte ich, während ich in Tränen ausbrach.

»Ach Pola, warum bist du so unglücklich? Es hat so kommen müssen, daß sich deine Liebe einem anderen zugewendet hat. Ich habe es gewußt! Mich hast du ja nur einem Irrtum zufolge liebgewonnen, weil du ein weites Herz hast. Dreiundzwanzig Jahre lang hast du gewartet: Du bist die einzige Frau, die keine Verpflichtungen fordert, und eben darum wertvoller als jede andere! Männer und Frauen sind nicht dasselbe! Er nimmt, sie gibt!«

Als ich F. M. dann erzählte, was für ein Mensch S. sei, gestand er mir, er habe in diesem Augenblick ein häßliches Gefühl empfunden: Es sei ihm leichter ums Herz geworden, als er gehört habe, mein Geliebter sei kein ernster Mensch, kein Lermontoff. Dann sprachen wir lange von nebensächlichen Dingen. Er sagte mir, er sei glücklich, ein Geschöpf wie mich kennengelernt zu haben, und bat mich, wir möchten Freunde bleiben, ich sollte ihm schreiben, wenn ich besonders glücklich oder unglücklich wäre. Er machte mir auch den Vorschlag, mit ihm nach Italien zu fahren, und meinte, er wolle zu mir sein wie ein Bruder. Als ich bemerkte, er werde gewiß seinen Roman schreiben, erwiderte er: »Für wen hältst du mich eigentlich, daß du meinst, alle diese Erlebnisse würden so ohne Spuren an mir vorübergehen?«

Ich versprach ihm, am nächsten Tage wiederzukommen. Ich fühle mich nach unserer Aussprache um vieles erleichtert. Er versteht mich. Ich kann nicht länger auf einen Brief von Salvador warten und schreibe ihm für jeden Fall selbst:

Ich schreibe ihm gleich noch einen Brief, den ich später aufgeben werde.

1. September 1863. Ich habe den Brief nicht abgeschickt.

Montag. Ich habe keinen der beiden letzten Briefe abgesandt, denn es hat sich einstweilen Verschiedenes ereignet. Eines Abends kehrte ich von Fjodor Michailowitsch ziemlich spät nach Hause zurück und legte mich schlafen, ohne Licht zu machen. Ich schlief schlecht, erwachte, als es noch finster war, und war bereits aufgestanden, als es zu dämmern begann. Während ich im Zimmer auf und ab ging, fiel mein Blick zufällig auf den Tisch, und ich sah dort einen Brief liegen, dessen Handschrift mir unbekannt war. Salvadors Freund hatte ihn geschrieben und mich davon benachrichtigt, daß dieser noch an demselben Tage, an dem ich ihn zuletzt gesehen, am Typhus erkrankt sei; ich könne ihn aber unmöglich aufsuchen, denn er befinde sich bei Bekannten, die ihm von seinen Verwandten empfohlen worden seien, und man könnte Verdacht schöpfen, wenn ich ihn besuchte. Ich antwortete sogleich und erklärte, ich hielte es für eine Barbarei, mir den Zutritt zu Salvadors Krankenlager zu verwehren. Ich bat Monsieur Bascavan, mir öfters über seinen Zustand zu berichten. Am gleichen Tage noch schrieb ich an S. selbst, den ich bereits am Rande des Grabes wähnte. Ich war furchtbar verzweifelt, denn diese Krankheit ist für junge Menschen besonders gefährlich. F.

M. hat mich ein wenig beruhigt, da er mir mitteilte, in der hiesigen Luft und bei den vorzüglichen Ärzten dieser Stadt habe die Sache weiter nicht viel zu bedeuten. Ich übersiedelte zu M... und wartete den ganzen Sonnabend über vergeblich auf einen Brief von Bascavan. Für Sonntag erwartete ich dessen persönlichen Besuch, denn ich hatte ihn gebeten, mich aufzusuchen, damit er mir alles über Salv. erzähle. Sonnabend, um 6 Uhr abends, ging ich nach der Sorbonne spazieren, und mit einem Male begegnete ich Salvador. Ich sah ihn schon von weitem, konnte jedoch nicht glauben, daß er es sei, und traute meinen Augen so lange nicht, bis er, lächelnd aber sehr blaß, auf mich zutrat und meine Hand ergriff.

Ich konnte mich kaum auf den Füßen halten und vermochte einige Augenblicke kein Wort hervorzubringen; noch regte sich in mir kein Verdacht, doch es tat mir weh, daß er mir nicht geschrieben hatte.

Seine ersten Worte besagten, daß er sehr krank gewesen sei und eben zum ersten Male ausgehe. »Ja, du bist sehr blaß!« erwiderte ich und blickte ihn an, während auf seinen Wangen rote Flecke aufflammten.

»Du bist mir böse gewesen, daß ich Dienstag nicht gekommen bin, aber du hattest ja selbst den Donnerstag bestimmt!« Bei diesen seinen Worten wurde mir nun alles klar; ich litt so sehr, daß ich meine Empörung nicht länger bezwingen und die Tränen nicht mehr zurückhalten konnte.

»Wohin gehst du?« fragte er.

»Ich gehe spazieren – und du?«

»Ich gehe zu einem Kollegen in die Soufflot-Straße!«

»Gehen wir ein Stück mitsammen!« Er ließ sich mitteilen, wo ich jetzt wohnte, und versprach zu kommen.

»Ich dachte schon, du lägest im Sterben! Dein Freund hat mir geschrieben, lies selbst diesen Brief!« Ich reichte ihm das Schreiben Bascavans. »Ich habe ihn zweimal gebeten, mich aufzusuchen!«

»Ich bin sehr böse auf meinen Freund«, meinte Salvador, »daß er meine Erkrankung so ernst geschildert hat. Anfangs glaubte ich, es handle sich wirklich um Typhus, habe mich aber dann sehr rasch erholt.«

Er betrachtete den Brief, offenbar ohne ihn zu lesen, er schien den Inhalt bereits zu kennen; dann gab er ihn mir zurück. »Lies doch«, sagte ich, »oder lies den Brief später, zu Hause!«

Wieder entfaltete er das Schreiben, vielleicht nur, um nicht mit mir sprechen zu müssen, und noch bevor wir die . . . Straße erreicht hatten, meinte er, er müsse nach links abbiegen. (Offenbar fühlte er sich neben mir höchst unbehaglich.)

»Nun, dann leb wohl«, sagte ich, »ich muß nach rechts!«

»Vielleicht kann ich dich begleiten?« fragte er, sei es, daß er Gewissensbisse, sei es, daß er Mitleid verspürte. Wir gingen schweigend bis zur . . . Straße, und er las krampfhaft weiter in dem Brief seines Freundes.

»Ich muß hier hinein!« rief er endlich, indem er auf ein Haus wies, an dem wir gerade vorüberschritten.

Als ich allein blieb, begriff ich sogleich alles, was vorgefallen war und erlitt, in mein Zimmer zurückgekehrt, einen hysterischen Anfall, während dessen ich schrie: »Ich werde ihn töten!« Glücklicherweise hat diesen Ruf wohl niemand gehört. Nachdem ich mich halbwegs beruhigt hatte, legte ich mich nieder und blickte einige Zeit gedankenlos vor mich hin. Ich fühlte, wie es mir heiß im Kopfe wurde, dachte, ich müsse erkranken, und freute mich darüber. Dann überlegte ich, was ich zu tun hätte, und faßte einige Entschlüsse. Ich wollte sogar schon an meine Schwester schreiben. Ich bereitete alles vor, verbrannte einige Hefte und Briefe, die mein Andenken hätten kompromittieren können, und fühlte mich dabei auf eine wunderbare Weise wohl; nur meine Mutter tat mir leid und die Hogermanns, die wohl allerlei Unannehmlichkeiten haben würden. Ich dachte nach, auf welche Weise ich sie mit dieser Affäre verschonen könnte, und ob es nicht möglich sei, mir den Anschein zu geben, als hätte ich nicht bei ihnen gewohnt.

Die ganze Nacht über schloß ich kein Auge, und bereits um sieben Uhr früh ging ich zu Fjodor Michailowitsch. Er schlief noch, als ich klopfte, stand dann rasch auf, öffnete die Tür, legte sich wieder nieder und hüllte sich in seine Decke, während er mich mit Verwunderung und Schrecken betrachtete. Ich war ziemlich ruhig und sagte ihm, er müsse sogleich zu mir kommen, denn ich wollte ihm alles erzählen und ihn um sein Urteil bitten; bei ihm aber wollte ich nicht bleiben, denn ich erwartete Salv.

Als F. M. bei mir erschien, saß ich gerade beim Frühstück und trat ihm, ein Stück Brot in der Hand, entgegen. »Du kannst sehen, daß ich ruhig bin!« meinte ich lachend.

»Ja«, erwiderte er, »das freut mich! Doch wer kennt sich mit dir aus!«

Nach einigen unwesentlichen Fragen erzählte ich ihm dann die ganze Geschichte meiner Liebe und auch von dem gestrigen Zusammentreffen, ohne ihm irgend etwas zu verhehlen. F. M. meinte, man dürfe der ganzen Sache keine allzu große Aufmerksamkeit schenken; ich hätte mich natürlich beschmutzt, aber das sei eine Zufälligkeit, Salv. habe eine Geliebte gebraucht und, da ich ihm gerade in den Weg gekommen sei, hätte er die gute Gelegenheit benützt. Warum hätte er das auch nicht tun sollen, da es sich um eine hübsche Frau gehandelt habe, die jeden Geschmack befriedigen konnte.

Gewiß hatte F. M. recht und ich mußte dies auch einsehen, doch wie war mir dabei zu Mute! »Ich habe nur die eine Angst«, sagte er endlich, »du könntest auf irgendeine Dummheit verfallen!« (Ich hatte ihm auch von den Gedanken erzählt, die mich einmal anwandelten, als ich Salv. nicht zu Hause traf.)

»Ich denke nicht daran, ihn zu töten, doch ich hätte Lust, ihn sehr lange zu quälen!«

»Laß das!« sagte F. M., »es ist nicht der Mühe wert, sich deswegen zugrunde zu richten!« Ich gab ihm recht und doch liebe ich S. sehr und würde die Hälfte meines Lebens hingeben, könnte ich sein Gewissen dermaßen wachrütteln, daß er alles bereute. Das werde ich natürlich niemals erleben, doch mich faßt oft, und gerade jetzt wieder, der Wunsch, von dem ich geglaubt hatte, er sei bereits vorübergegangen, der Wunsch, mich an ihm zu rächen. Aber wie, mit welchen Mitteln? Sicherlich hat er eine Geliebte, irgendeine Dame, die von einer Schar von Verehrern umgeben ist. Wahrscheinlich hatte er sich mit ihr überworfen und sich deshalb an mich angeschlossen; jetzt aber wird er sich wohl mit ihr aussöhnen. Gestern ist er nicht gekommen, und er wird gewiß auch heute, auch morgen nicht erscheinen; doch was wird er tun? Seine Eitelkeit kann ihm nicht gestatten, in meinen Augen als Lügner dazustehen. Worauf hat er nur gehofft, als er den Brief über seine Krankheit aufsetzte?

Ich habe mich entschlossen, ihm das Geld für . . .* zu schikken, obgleich F. M. sicher sagen wird, das sei ganz überflüssig; er verachtet ihn allzusehr und scheint außerdem der Meinung zu sein, ich müsse für meine Dummheit büßen, ohne Rache zu nehmen, und diese Dummheit habe überdies einen bestimmten Sinn gehabt.

2. September 1863. Fjodor Michailowitsch hat in der Tat gesagt, es sei überflüssig, Salvador Geld zu schicken; er meinte wohl, ich suchte unbewußt einen Vorwand, mich dem Spanier wieder zu nähern und sagte, ein solcher Schritt werde nur dazu führen, daß dieser sich vor mir reinwaschen und mich dann aufs neue betrügen werde.

»Soll man sich also vor sich selbst fürchten«, sagte ich, »sich fürchten, man könnte aufs neue betrogen werden? Muß man dann nicht sich selbst verachten?«

F. M. konnte mich absolut nicht verstehen und wußte auch nichts von dem Inhalt meines Briefes, der also lautete**: . . .

Ich erzählte F. M. den Inhalt des Schreibens, worauf er meinte, man könne es wohl absenden, denn es werde dann wenigstens nicht . . .*** sein. Vorgestern habe ich den Brief abgesendet, jedoch bis heute noch immer keine Antwort erhalten. (Es kommt bestimmt auch keine.) Ich muß gestehen, daß ich darauf nicht gefaßt gewesen bin; dieser Mensch ist nicht intelligent genug, um aus Würde zu schweigen, und auch nicht hinlänglich unver-

* Unleserlich.
** Brief nicht mehr vorhanden. (D. H.)
*** Unleserlich.

schämt, um es aus Frechheit zu tun; so dürfte wohl die Feigheit ihn dazu veranlassen. Vielleicht überlegt er sich auch noch, was er mir antworten soll, wenngleich ich das kaum glaube. Wie ich seinen Charakter kenne, hätte er mir das Geld zurückgeschickt, wenn er sich nicht vor mir fürchtete. Mein Brief war dazu angetan, sein Selbstgefühl empfindlich zu verletzen und auch jene Art Ehrgefühl zu treffen, welche nicht in der Natur liegt, nicht einmal im Kopfe, sondern im Gedächtnis und die man aus dem katholischen . . .* zu schöpfen pflegt.

Baden-Baden, den 5. September 1863. Vor meiner Abreise aus Paris war ich sehr traurig, nicht nur, weil ich mich an die Stadt gewöhnt hatte: Petersburg hatte ich leichten Herzens verlassen können, denn ich war voller Hoffnungen gewesen; in Paris aber habe ich vieles verloren. Mir scheint, daß ich nie mehr lieben werde. Lange Zeit noch glimmte der Wunsch nach Rache in mir, und ich nahm mir unterwegs vor, nach Paris zurückzukehren und meinen Vorsatz durchzuführen, wenn ich in Italien keine Zerstreuung finden sollte. Auf der Reise kam ich mit Fjodor Michailowitsch in ein Gespräch über Lermontoff, und als ich dieses Charakters gedachte, erschien mir alles, was mir selbst widerfahren war, als durchaus nichtig und keiner ernsten Betrachtung wert.

»Und nichts wollte er segnen, nichts auf dieser Welt.« Er hatte recht. Wozu also sich von Gefühlen hinreißen lassen? Mir scheint, ich bin krank, doch das wäre zu ungerecht; ich glaube trotzdem: es gibt in der Natur irgendwelche Gesetze der Gerechtigkeit.

Baden-Baden, den 6. September 1863. Meine Reise mit F. M. verläuft ziemlich erheiternd. Beim Visieren der Reisepässe hatte er einen Konflikt mit einem Beamten der päpstlichen Gesandtschaft, während der ganzen Reise sprach er in Versen und hier

* Unleserlich.

endlich, wo wir erst nach großer Mühe zwei Zimmer mit zwei Betten ausfindig machen konnten, schrieb er sich in das Fremdenbuch als Offizier ein, worüber wir immer wieder lachen mußten. Er spielt fortwährend Roulette und ist überhaupt sehr sorglos. Gestern, auf der Reise, sagte er mir, er hege wieder Hoffnungen, obwohl er früher behauptet hatte, es gäbe nichts Derartiges mehr für ihn. Ich antwortete ihm nicht, wußte aber, daß daraus nichts werden könne. Es gefällt ihm, daß ich so rasch entschlossen Paris verlassen habe, aber er ist im Irrtum, wenn er darauf Hoffnungen begründen will; ganz im Gegenteil! Gestern abend sind diese seine Hoffnungen besonders deutlich zum Vorschein gekommen. Gegen zehn Uhr tranken wir Tee, und da ich diesen Tag über sehr müde geworden war, legte ich mich auf das Bett und bat F. M., er möge sich näher zu mir setzen. Es war mir sehr wohl, ich nahm seine Hand und hielt sie lange fest; er versicherte, er sitze sehr bequem und angenehm.

Ich sagte ihm, ich sei in Paris grob und ungerecht gegen ihn verfahren und es habe den Anschein gehabt, das dächte ich ausschließlich an mich selbst; ich hätte aber auch an ihn gedacht, ihm jedoch nichts davon gesagt, um ihn nicht zu verletzen. Plötzlich stand er auf und wollte gehen, stolperte jedoch über einen Schuh, der vor dem Bette lag, wandte sich um und setzte sich wieder.

»Wohin wolltest du?« fragte ich.

»Ich dachte daran, das Fenster zu schließen.«

»Tu es doch, wenn du willst!«

»Nein, es ist nicht nötig«, sagte er mit sonderbarem Gesichtsausdruck, »weißt du, was eben in mir vorgegangen ist?«

»Was gibt es?« Ich sah ihm ins Gesicht und bemerkte, daß er sehr erregt war.

»Ich wollte eben deinen Fuß küssen!«

»Ach, wozu?« erwiderte ich in großer Verlegenheit, fast ängstlich, und zog geschwind den Fuß zurück.

»Ich war fest entschlossen, es zu tun!« rief er aus. Er fragte mich, ob ich mich nicht schlafen legen wolle; ich aber meinte, ich hätte Lust, noch etwas mit ihm zusammen zu sein. Als ich dann selbst daran dachte, zu Bett zu gehen und mich auszukleiden, fragte ich ihn, ob das Stubenmädchen kommen werde, das Geschirr abzuräumen. Er behauptete, sie werde nicht kommen, und sah mich so an, daß mir unbehaglich zumute wurde und ich ihm das auch sagte.

»Mir ist auch unbehaglich zumute!« meinte er mit sonderbarem Lächeln und verbarg sein Gesicht in dem Kissen. Ich fragte nun wieder, ob das Stubenmädchen kommen werde und wieder verneinte er dies.

»Nun, dann gehe in dein Zimmer«, sagte ich, »denn ich möchte mich schlafen legen.«

»Sofort!« erwiderte er, zögerte aber noch immer. Dann küßte er mich sehr heiß und zündete sich endlich eine Kerze an; die meine war schon fast ganz ausgebrannt.

»Du wirst kein Licht haben!« meinte er.

»O ja, ich habe eine ganze Kerze!«

»Die habe doch ich jetzt!«

»Ich besitze noch eine!«

»Eine Antwort läßt sich immer finden!« sagte er lächelnd und ging. Er hatte die Türe nicht geschlossen und kam bald wieder unter dem Vorwand, er wolle mein Fenster zumachen. Dann trat er zu mir und riet mir, ich möge mich nicht auskleiden.

»Ich werde mich auskleiden!« entgegnete ich und nahm eine Miene an, als wartete ich damit nur auf sein Weggehen. Nochmals verschwand er, um sogleich unter irgendeinem Vorwande wiederzukommen, und dann erst ging er endgültig und schloß die Türe hinter sich.

Heute kam er wieder auf diese Szene zu sprechen und meinte, er sei betrunken gewesen. Dann sagte er, es müsse mir wohl unangenehm sein, mich so von ihm quälen zu lassen. Ich erwiderte, ich machte davon kein Wesen, und ging nicht weiter darauf ein; somit habe ich ihm weder Hoffnungen gemacht noch solche genommen. Er äußerte, ich hätte ein sehr perfides Lächeln an mir und er müsse mir wohl recht albern erschienen sein; er gestehe seine Torheit ein, aber sie sei ihm im Augenblicke nicht bewußt gewesen.

Baden-Baden, am Abend desselben Tages. Eben mußte ich an meine Schwester denken, die mich wegen meiner Reise nach Italien wohl verdammen würde. Ich aber verurteile mich nicht, denn irgend etwas in mir drängt mich danach zu reisen, die Welt zu sehen und vieles zu erfahren. Was soll daran Unrechtes sein? Überhaupt erscheinen mir jetzt jene Lebensregeln, die ich mir selbst zurechtgelegt hatte und auf deren Erfüllung ich so stolz gewesen war, sehr eng. Das war eine Schwärmerei, die mich zur Beschränktheit und zum Stumpfsinn geführt hätte; vielleicht aber ist es nur ein Übergang zu jenem vollkommen neuen und entgegengesetzten Wege gewesen. Doch das hätte ich mir von allem Anfang an gestehen müssen; habe ich mir doch alles gut und gründlich überlegt! Dabei bin ich jetzt ruhig und bemerke, daß in meinen Gedanken ein allgemeiner Wandel vor sich geht.

F. M. hat unglücklich gespielt, und er befürchtet, das Geld für unsere Reise werde nicht langen. Er tut mir leid, und zum Teil bedrückt es mich auch, daß ich ihm seine Fürsorge auf keine Weise vergelten kann; aber was soll ich tun? Ich kann nicht! Habe ich denn irgendeine Verpflichtung? Nein, das ist ja Unsinn!

Turin, den 14. September 1863. Gestern speiste ich mit F. M. in unserem Hotel an der Table d'hôte. Die Tischgesellschaft bestand ausschließlich aus Franzosen, aus jungen Menschen, von denen einer mich häufig und sehr frech anblickte. Endlich bemerkte auch F. M., daß dieser junge Mann recht zweideutige Bemerkungen über mich an seine Nachbarn richtete, und geriet darüber in Wut; dennoch aber war er in großer Verlegenheit, denn es wäre ihm, falls nötig, sehr schwer gewesen, offen für mich einzutreten. Wir beschlossen, künftig in einem anderen Hotel zu speisen. Als der Franzose endlich seinen Nachbarn in allzu deutlicher Weise auf mich aufmerksam machte, blickte ihn F. M. dermaßen an, daß er die Augen senkte und anfing, schlechte Witze zu machen.

Turin, den 17. September 1863. Ich hätte wieder zärtliche Gefühle F. M. gegenüber, machte ihm Vorwürfe und fühlte gleich darauf, daß ich im Unrecht war; dann wollte ich mein Verschulden wiedergutmachen und war sehr lieb zu ihm. Er zeigte darüber solche Freude, daß ich gerührt wurde und meine Zärtlichkeit verdoppelte. Als ich so bei ihm saß und ihn liebevoll anschaute, rief er: »Diesen altbekannten Blick habe ich schon lange nicht gesehen!« Ich neigte meinen Kopf an seine Brust und weinte.

Während des Mittagessens betrachtete er ein kleines Mädchen, das Stunden nahm, und sagte: »Denke nur, da gibt es so ein kleines Mädchen mit einem alten Mann; und mit einem Mal erklärt irgendein Napoleon, die ganze Stadt müsse zerstört werden! Immer ist es so auf der Welt zugegangen!«

Genua, den 22. September 1863. Welch eine Stadt! Turmhohe Häuser und die Straßen zwei Werschók* breit! Die Gebäude sind bemalt und von einer ungeheuerlichen Architektur, die Dächer flach und mit Gras bewachsen. Auf den Straßen gehen Italiener umher, mit entblößter Brust, die Frauen tragen weiße Schleier auf dem Kopf, die ihnen Hut und Mantille ersetzen.

In Turin habe ich gestern ein Buch über Philosophie gelesen und, gegen meine Erwartung, doch etwas davon verstanden. Der Autor behauptet, die Kantische Schule sei bei dem Satz stehengeblieben, wir könnten die Dinge an sich nicht erkennen; Hegel sei weiter gegangen und habe erklärt, die Dinge existierten nur in den Begriffen. Unter Begriff versteht er nicht einen persönlichen, sondern einen Begriff, der in den Dingen selbst enthalten ist. Dann unterscheidet der Autor meines Buches Begriff und Idee: Idee ist ihm etwas Allgemeines, Absolutes; der Begriff aber etwas Individuelles, Persönliches. Was Begriffe und Realitäten angeht, so wird behauptet, sie seien zwar identisch, aber einander diametral entgegengesetzt: Der Begriff beziehe sich auf ein Ding, das ist oder sein kann; die Realität sei

* Ein Werschók ist ca. 4½ Zentimeter.

ein Ding, von welchem ein Begriff vorhanden oder möglicherweise auch nicht vorhanden ist.

Livorno, auf dem Deck des Schiffes, Donnerstag, den 24. September 1863. Gestern hat uns der Sturm dermaßen durchgerüttelt, daß ich schon glaubte, wir seien verloren. Auf dem Schiffe befindet sich ein Matrose, der russisch spricht, und ein norwegischer Schriftsteller, ein älterer Mensch, der etwas aus dem Russischen übersetzt hat. Heute müssen wir uns den ganzen Tag in Livorno aufhalten, denn unser Schiff nimmt frische Ladung auf. Der russisch sprechende Matrose führte mich auf dem Boot herum und sprach mich mit Du an, was mir sehr gefiel, da es an die russischen Bauern erinnerte, die ja auch das Sie nicht gebrauchen. Er hat ja übrigens bei den Bauern russisch gelernt.

Eben sind zwei Italiener angekommen, mit denen wir die Fahrt über den Mont Cenis gemacht haben. Der eine ist noch sehr jung, der andere sieht aus, als wäre er etwa zweiunddreißig Jahre alt; beide sind sehr ernst, sogar streng. Der Ältere las unterwegs »Petit Napoleon«, der Jüngere wartete mir inzwischen mit Weintrauben auf. Beide gefallen mir recht gut, während jener andere Italiener, der sich immer so eifrig nach meinem Befinden erkundigt und sich um alle Kranken bemüht, mir nicht sympathisch ist; er erinnert eher an einen Franzosen, insbesondere wenn er mit einem sehr jungen Mädchen spricht und ihr auf französische Manier den Hof macht.

Eben jetzt sitze ich auf dem Oberdeck in der nächsten Nähe der beiden Italiener. Die Französin, die auf einer Wallfahrt zum heiligen Petrus begriffen ist, ging vor wenigen Augenblicken an mir vorüber und sagte, ich möge meine Zeit nicht nutzlos verlieren. Ich erwiderte, ich hätte sehr viel zu tun und bedauerte es sehr, daß man auf der Reise so viele Tage unnütz vergeude.

Rom, den 29. September 1863. Gestern kritisierte mich Fjodor Michailowitsch wieder. Er sagte, ich nähme die Dinge viel zu ernst und streng, auch wenn sie es gar nicht wert seien, während ich erwiderte, ich hätte hierfür einen Grund, den ich bisher nie erwähnt hätte. Dann sagte er, an mir fresse der Utilitarismus. Ich entgegnete, ich sei keineswegs utilitaristisch veranlagt, hätte jedoch bisweilen Anwandlungen dieser Art. Er stimmte mir zu, bemerkte, er hätte dafür Beweise und war sichtlich bemüht, die Ursache meines Widerstandes zu erfahren oder zu erraten.

»Du weißt es nicht, du rätst nicht das Richtige!« erwiderte ich immer wieder, sooft er einen neuen Versuch machte, mich auszuholen. Endlich verfiel er darauf, mein Verhalten für eine Laune und für die Freude an Quälereien zu halten: »Weißt du denn nicht«, rief er, »daß man einen Mann nicht lange quälen darf! Schließlich bekommt er genug davon und gibt seine Bemühungen auf.« Ich konnte ein Lächeln nicht unterdrücken und hätte ihn beinahe gefragt, zu welchem Zweck er eigentlich so spreche.

»Ich kann nur einen Grund für dein Verhalten entdecken«, sprach er nun mit großer Bestimmtheit, obgleich er, wie ich später erfuhr, der Sache gar nicht sicher war, »einen Grund, der mir Abscheu einflößt und der mit einer Halbinsel zusammenhängt.«

Dieses unerwartete Wort und die damit verbundene Erinnerung regte mich sehr auf, doch erwiderte ich kein Wort.

»Du hoffst!«

Ich schwieg.

»Jetzt widersprichst du nicht mehr«, rief er triumphierend, »jetzt sagst du nicht: du weißt es nicht!«

Ich sprach noch immer kein Wort.

»Du hast also noch nicht alle Hoffnungen aufgegeben?«

»Ich empfinde nichts mehr für diesen Menschen, der sich mir in seiner ganzen Nichtigkeit gezeigt hat! Ich habe keine Hoffnungen und ich wüßte auch nicht, auf was ich hoffen sollte!«

»Das besagt gar nichts«, meinte er, »denn mit dem Verstande magst du wohl alle Hoffnungen verwerfen, aber dein Herz hegt sie doch weiter!«

Er wartete auf eine Erwiderung, die aber ausblieb, da ich fühlte, daß er mit seinen Worten recht hatte. Plötzlich stand er auf und ging, sich auf sein Bett zu legen. Ich blieb allein zurück, schritt im Zimmer auf und ab und fühlte, wie sich meine Gedanken mit einem Male neuen Hoffnungen zuwandten und wie ich begann, wieder an Möglichkeiten zu denken, deren ich mich noch vor wenigen Augenblicken geschämt hätte.

Nachdem F. M. ein wenig geschlafen hatte, war er ungewöhnlich aufgeräumt, lustig und zutulich, wie wenn er auf diese Art seine innere Kränkung und Trauer überwinden und mir trotzen wollte. Ich sah seinem sonderbaren Gehaben verständnislos zu und betrachtete ihn verwundert, während er sich ganz in Lachen zu verwandeln schien und mich immer tiefer verwundete.

»Du bist sehr rücksichtslos!« sagte ich schließlich ganz einfach.

»Wieso, was habe ich denn getan?«

»In Paris und in Turin warst du nicht so. Weshalb bist du denn mit einem Mal so aufgeräumt?«

»Das ist eine sehr verdrießliche Aufgeräumtheit!« brummte er und ging fort, um jedoch in kurzer Zeit wiederzukommen.

»Mir ist nicht wohl zumute«, sagte er ernst und traurig. »Ich gehe hier umher und sehe mir alles an, aber aus purem Pflichtgefühl, als ob ich eine Schulaufgabe zu bewältigen hätte; ich hatte wenigstens gehofft, dich zu zerstreuen!«

Ich umschlang ihn innig und versicherte ihm, er habe viel für mich getan, und ich fühlte mich sehr wohl.

»Nein«, sagte er traurig, »du gehst wohl nach Spanien!«

Es wird mir immer so merkwürdig schmerzlich und süß ums Herz, wenn die Andeutung auf Salvador fällt. Welch wilder Wirrwarr liegt in all dem, was zwischen mir und ihm vorgegangen ist, welch ein Abgrund von Widersprüchen in unseren Beziehungen!

F. M. wendete alles wiederum in einen Scherz und sagte beim Weggehen, er finde es demütigend, mich so zu verlassen. Es war um 1 Uhr nachts, und ich lag ausgekleidet im Bett. »Russen pflegen niemals den Rückzug anzutreten!« Mit diesen Worten verließ er mich.

Neapel, den 6. Oktober 1863. In Rom begegnete ich einmal auf der Straße einer Art seltsamer Prozession: Man führte zwei Diebe, junge Menschen, ins Gefängnis. Eine ungeheure Menge staute sich, um das Schauspiel zu begaffen, selbst Damen hielten ihre Equipagen an, um den Zug mitanzusehen.

Als wir in Neapel das erste Mal auf die Straße traten, drückte mir sogleich eine Frau eine gelbe Blume in die Hand und forderte Geld dafür. Ich habe am selben Tag noch einige solcher Bettlerinnen getroffen, und auch Kinder belästigen den Fremden hier auf Schritt und Tritt: Kaum hat man dem einen etwas gegeben, so umringt einen auch schon ein ganzer Haufe; gibt man aber nichts, dann wenden die Jungen alle Mittel an, um ihr Opfer zum Lachen zu bringen, sie schneiden Grimassen, schlagen Purzelbäume, streifen ihre Lumpen ab und zeigen den nackten Körper. Als ich einmal dem Kutscher ein Zehnkopeken-Stück daraufgab, beeilte er sich, mir die Hände zu küssen. Fragt man jemanden auf der Straße um eine Auskunft, so sammelt sich sogleich ein ganzer Menschenhaufe an, und alle bemühen sich, einem die Sache auseinanderzusetzen.

Gestern waren wir im Kolosseum. Der Soldat, der uns hinbegleitete, sagte mir sogleich, ich sei eine Russin, man erkenne dies an meinem Gesicht. In dem Gasthaus neben dem Kolosseum wieder trafen wir einen Herrn, der uns russisch anredete. Er begann damit, uns von dem klimatischen Unterschied zwischen Rußland und Italien zu erzählen, dann kam er auf Genua zu sprechen und meinte, die Stadt sei langweilig, ohne interessantes geistiges Leben, und er liebe sie nicht, obgleich er ein gebürtiger Genuese sei. Seine Vorfahren hätten dort schon vor siebenhundert Jahren gelebt, und er selbst besitze in dieser Gegend ein Gut. Er verabsäumte auch nicht, uns zu erzählen, daß er in Rußland eine Frau und zehn Kinder habe, das Land genau kenne und dort Verwalter gewesen sei, jetzt aber hier in Neapel beschäftigt sei.

Auf der Reise von Rom nach Neapel wurden unsere Habseligkeiten häufig untersucht, und man forderte uns fortwährend die Pässe ab.

Paris, den 22. Oktober 1863. Heute um 4 Uhr bin ich angekommen und um 5 Uhr war ich bereits bei M. . . . Als ich aus dem Wagen stieg, fragte ich den Kutscher, wieviel ich ihm schulde, und nachdem ich ihm auf sein Verlangen zwei Franken gegeben hatte, forderte er mit einem Male zweieinhalb. Ich sagte kein Wort und gab ihm den Rest. Er trug meinen Reisesack in den Hof, was die Kutscher hier sonst nicht tun, und bemühte sich, mir gefällig zu sein, ganz als ob er sich schämte. Ich klopfte bei M.s an, wo alle noch schliefen, worauf sich R. sogleich um mich bemühte, mich fragte, ob ich etwas essen wolle, und begann, mein Bett herzurichten; das Frühstück brachte sie mir in mein Zimmer und war überhaupt sehr um mich besorgt.

All diese Zuneigung bringt sie mir wegen irgendeines alten Kleides entgegen, das ich ihr einmal geschenkt hatte. Arme Menschen! Soeben traf ich, als ich hinunterging, um Tinte zu holen, auf Katherine. Sie fragte mich verbindlich, was ich suchte, und nahm es sogleich auf sich, mir Schreibzeug zu beschaffen. Ich ging darauf ein, weil ich die Absicht hatte, ihr jene in Neapel für sie gekauften Hemdknöpfe zu schenken. Als ich ihr meine Gabe überreichte, war sie ganz entzückt und bat mich, ich möge mich in allem an sie wenden. Arme, arme Menschen!

Auf unserer Reise auf dem Schiffe und in Neapel trafen wir Herzen mit seiner ganzen Familie. Fjodor Michailowitsch stellte mich als seine Verwandte vor, ohne sich auf nähere Angaben einzulassen, und behandelte mich in ihrer Gegenwart wie seine Schwester, wenn nicht noch vertraulicher, so daß sein Verhalten Herzen wohl einigermaßen befremdet haben dürfte. Fjodor erzählte ihm viel über mich, und Herzen war hierauf sehr aufmerksam gegen mich. Ich unterhielt mich auch mit seinem Sohn, einem Jüngling, der bereits an allem verzweifelt. Ich sprach von meinen Eindrücken im Auslande und sagte, ich fände überall mehr oder weniger Schmutz; er suchte mir hierauf zu beweisen, daß es sich nicht um mehr oder weniger handle, sondern daß es überall im gleichen Maße abscheulich sei. Während unserer Unterhaltung, die mich sehr animierte, kam Fjodor Michailowitsch vorüber, ohne sich jedoch bei uns aufzuhalten. Ich rief ihn herbei, was ihn sehr zu freuen schien, und der junge Herzen erzählte, er hätte die Absicht, im Winter nach Paris zu kommen. Er bat mich um meine Adresse, fügte jedoch hinzu, er könne sie auf jeden Fall von B. . . . * erfahren. Fjodor Michailowitsch riet mir, dem jungen Mann meine Adresse anzugeben, um ihm damit eine Aufmerksamkeit zu erweisen, und ich tat dies auch, als wir uns in Livorno von ihm verabschiedeten.

F. M. begleitete seine Freunde in das Hotel, und als er zurückkam, sagte er, irgendwie beunruhigt, ich müsse es ihm unbedingt sogleich mitteilen, falls Herzen mich aufsuchen sollte; und dies versprach ich ihm denn auch. Von dem jungen Herzen redete er mit mir überhaupt nicht; als ich diesen aber späterhin erwähnte, griff er das Thema auf und äußerte sich keineswegs lobend über den jungen Mann. Er erzählte mir auch, er habe bei Herzen meine Karte gesehen, und Alexander Herzen habe einen Satz seines Vaters darauf geschrieben, der lautete: »Mit dem Verstande allein wären die Menschen nicht weit gekommen.«

Am Tage unserer Abreise aus Neapel hatten wir uns gezankt, doch noch am selben Tag auf dem Schiffe uns unter dem Eindruck des Zusammentreffens mit Herzen sogleich ausgesprochen und versöhnt. (Wir hatten uns über die Frauen-Emanzipation gestritten.) Seit diesem Tage gab es keine Mißhelligkeiten mehr zwischen uns, ich war zu Fjodor Michailowitsch fast wie in alten Zeiten, und die Trennung wurde mir sehr schwer.

Meine Schwester schreibt mir, es werde nachgerade unmöglich, auf der Akademie zu bleiben, da die Studenten die albernsten Streiche begännen; sie bittet mich um Auskunft, ob sie die Vorträge in Paris besuchen könnte. Mir scheint dies durchaus möglich, und ich werde mich bei Monsieur Emile des Näheren erkundigen, der, wie sich herausstellt, ein ernster junger Mann ist.

Gleich nach meiner Ankunft in Paris legte ich mich nieder, um noch ein wenig zu schlafen, doch konnte ich keine Ruhe finden. Meine Gedanken waren anfangs unbestimmt und verworren, wurden dann aber allmählich klarer. Ich erinnerte mich, wie mir

* Unleserlich.

zumute gewesen war, als ich diese Stadt verlassen, sann über alles Geschehene nach und begann, mich neuen Hoffnungen hinzugeben. Wider meinen Willen tauchte aufs neue der Gedanke an Kränkung und Rache in mir auf, mein Herz litt und forderte sein Recht. Ich stand auf, ging spazieren und fand mich unversehens in Saint Denis, nahe von Saint André.

Armes Herz! Wozu all die Ausflüchte! Als ich nach Hause kam, bemerkte ich auf dem Fußboden jenen dunkeln Fleck, der von dem Verbrennen meiner Papiere herrührte, an jenem Tage, da ich S. . . . zum letzten Mal gesehen habe.

Paris ist mir ausgesprochen widerwärtig.

27. Oktober 1863. Gestern erhielt ich einen Brief von Fjodor Michailowitsch. Er hat im Spiel verloren und bittet, ich möge ihm einen Betrag schicken. Ich hatte kein Bargeld, da ich eben Rechnungen beglichen hatte, und entschloß mich, meine Uhr und die Kette zu versetzen. Ich ging, mich mit T. . . . zu beraten, der sich bereit erkärte, jenen Betrag, der mir noch fehlen sollte, bei M. . . . auszuleihen und mir außerdem seine eigenen Mittel zur Verfügung zu stellen. Madame M. . . . lieh mir die ganzen 300 Franken für einen Monat. Mit der Übersendung des Geldes hatte ich viel zu schaffen, obgleich man mir erklärt hatte, wie ich es machen sollte. Ich verirrte mich, kehrte unverrichteter Dinge nach Hause zurück und traf Alchosoff, der zu mir gekommen war, um mir zu erklären, wie ich das Geld am besten schicken sollte. Auch damit war die Sache noch nicht zu Ende, denn ich mußte nochmals auf mein Zimmer und hierauf neuerdings ausgehen. Eben als ich mit dem Postmeister sprach, betrat ein junger Mensch das Amt, der Baskoff ähnlich sah. Ich wandte mich um, maß ihn mit einem raschen Blicke, der mich von seiner Identität fast überzeugte, und begann hierauf mit T. . . . zu sprechen. Der junge Mann zog sich zurück und schien die Kundmachungen an der Wand zu studieren; beim Weggehen jedoch betrachtete ich ihn nochmals und wußte nun bestimmt, daß es Baskoff war. Er hatte gesehen, weswegen ich gekommen war, hatte das Wort Homburg gehört und wahrgenommen, daß ich Geld abschickte, somit mußte er wissen, daß es sich um eine eigene Angelegenheit gehandelt und mein Begleiter mir bloß behilflich gewesen war.

Heute kam bei Tisch das Gespräch auf Kaffeehäuser, und jemand sagte, in London kenne man diese Art von Lokalen nicht; die Männer hielten sich dort mehr zu Hause auf, und den Damen sei dies sehr angenehm. Hierauf bemerkte eine Frau, es sei den Gattinnen vielleicht angenehmer, weniger mit ihren Männern beisammen zu sein, worauf der Hauswirt entgegnete, das könnten nur ehrlose Damen sein. Er verteidigte die Kaffeehäuser mit der Behauptung, man könne dort mit Freunden zusammentreffen und sich über Politik unterhalten. Ein Engländer trat ihm bei und sagte, die Russen brauchten keine Kaffeehäuser, weil ihnen jedes politische Gefühl fehle. Ich hätte ihm gerne gesagt, daß er weder das russische Volk noch seine eigene Geschichte kennt.

9. November 1863. Vor einer Woche habe ich an Salvador geschrieben*: . . . .

Sonntag, den 15. November 1863. Da ich keinerlei Antwort erhielt, schrieb ich nochmals und legte Geld bei, das ich mir durch Versetzen eines Ringes verschafft hatte.

Dieses Schreiben übergab ich einem Dienstmann mit dem Auftrag, sich den Empfang schriftlich bestätigen zu lassen. Ich erklärte ihm, es seien bereits zwei Briefe verlorengegangen und ich wünschte, er möge dies S. sagen.

»Brüder, laßt mich mit euch sterben!«

Reisenotizen. Deutschland habe ich nicht gesehen. Achtundvierzig Stunden blieb ich in Berlin und fuhr dann, ohne mich irgendwo aufzuhalten, direkt nach Paris. Ich hatte mir vorgenommen, die

* Brief nicht mehr vorhanden (D. H.).

Dresdner Galerie zu besichtigen, eine Fahrt auf dem Rhein zu machen, aber alle meine Vorsätze gab ich auf, sowie ich dem ersten Deutschen begegnet war. Dieses Volk hat mich entschieden von Sinnen gebracht: der Stumpfsinn und die Beschränktheit der Bahnangestellten und der Arbeiter ist geradezu fabelhaft.

Diese unglückliche Nation scheint mir von Gott benachteiligt worden zu sein. Das eine Mal blieb ich auf einer Station stecken, das andere Mal gelangte ich nicht dorthin, wohin ich fahren sollte, und dies alles nur, weil Waggons ungeschickt und falsch umgestellt worden waren.

Paris, Montag, den 16. November 1863. Gestern ging ich zu dem Dienstmann, den ich mit dem Brief an Salvador gesandt hatte, traf ihn nicht und sprach bei dem Hausbesorger vor, den ich ersuchte, den Mann für sechs Uhr zu mir zu bestellen. Als er jedoch nicht erschien und ich ihn neuerdings aufsuchte, schenkte er mir kaum einen Blick, gab mir meinen Brief zurück und sagte, er habe den Adressaten nicht gefunden. Man habe ihm erklärt, daß der angegebene Herr in diesem Hause nicht wohne und niemals gewohnt habe. Das brachte mich in Wut: Salvador kann nicht einmal lügen! Wenn er mir hätte sagen lassen, er sei nicht zu Hause, so wäre das einigermaßen glaubhaft gewesen, aber die Behauptung, er habe dort niemals gewohnt, ist einfach lächerlich! Ich sandte den Brief mit der Post. Ich hatte noch ein Schreiben verfaßt:

»Ich hatte nicht die Absicht, Ihnen zu schreiben und hätte es auch bestimmt nicht getan, wenn Sie nicht auf den Gedanken verfallen wären, sich vor mir zu verstecken. Sie haben den armen Dienstmann bestochen, damit er Sie verleugne, und ich hätte ihm vielleicht geglaubt, wenn ich nicht früher schon an Sie geschrieben hätte. Dieser höchst ungeschickte Kniff gibt mir das Recht zu der Annahme, daß Sie alle meine Briefe erhalten haben. Ich bitte Sie um eine Antwort, ob dem so ist oder nicht, sonst könnte ich einen Verdacht gegen ehrliche Menschen fassen, daß Sie Geld unterschlagen haben. Wenn Sie mir keine genügende Antwort zukommen lassen, werde ich mich gezwungen sehen, mich an meine Gesandtschaft zu wenden und sie zu bitten, sie möge durch die französische Polizei auskundschaften lassen, wer meinen ersten Brief an Sie unterschlagen hat. Gebrauchen Sie also keine weiteren Ausflüchte, sondern antworten Sie mir, sonst könnten Sie in bedeutend größere Ungelegenheiten geraten als die sind, mit denen Sie gewöhnlich zu tun haben.«

17. November 1863. Als ich heute zum Mittagessen kam, sagte mir Madame R., es habe ein Herr nach mir gefragt und die Absicht geäußert, wiederzukommen. Ich wunderte mich sehr, dachte unwillkürlich an S. und fühlte mein Herz klopfen.

»Ein junger Mensch?« fragte ich.

»Ja, ein hochgewachsener junger Mensch!«

»Mit einem Bart?« fragte ich, in der Annahme, es sei der junge Herzen gewesen.

»Mit einem schwarzen Bart.«

Ich konnte nicht darauf kommen, wer es wohl gewesen sein mochte, bis man mich nachmittags rufen ließ und mir mitteilte, es wünsche mich jemand zu sprechen. Ich sah mich einem großen, schlanken jungen Mann gegenüber, der mir mitteilte, er komme im Auftrage von Salvador. Ich wurde rot, zitterte, nahm die Kerze und bat ihn, mir auf mein Zimmer zu folgen. Als wir eingetreten waren, bot ich ihm einen Sessel an, schloß die Türe, setzte mich und fragte ihn mit zitternder Stimme, was er von mir wünsche. Er brachte mir fünfzehn Franken und erklärte, Salvador habe sie bereits im August erhalten und wünschte das Geld nicht zum zweiten Male anzunehmen.

Ich erriet sogleich, daß ich einen Bruder Salvadors vor mir hatte. Welch ein prachtvoller Typ eines Plantadors, dieser junge Mann, schön, anständig, gut gekleidet und ernst! Als er davon sprach, daß ich Salvador beleidigt hätte, blitzten seine Augen. Ich erklärte, ich hätte niemandem über diese Angelegenheit Rechenschaft abzulegen, sprach jedoch sehr schlecht und fand kein einziges französisches Wort. Ich war sehr aufgeregt, unser Gespräch war kurz, und ich erhob mich sogleich, als ich bemerkte, daß wir uns nichts mehr zu sagen hatte. Er machte sich erbötig, mir Salvadors Adresse zu geben, da ich vielleicht den Wunsch haben könnte, ihm zu schreiben, doch ich erwiderte, ich hätte danach keinerlei Verlangen. Ich begleitete ihn und leuchtete ihm auf dem Weg bis ins Vorzimmer, obgleich er bat, ich möge mir keine Mühe geben, und ging dann in den Salon, wo Musik ertönte. Bald kehrte ich jedoch in mein Zimmer zurück, da mich eine tiefe Schwermut ergriffen hatte, und begann laut zu lesen.

»Für auf den Weg mich, den Dornenweg . . .«

Das las ich so, wie man ein Gebet liest, um sich gegen Teufelsspuk zu schützen, und fühlte mich hierauf ein wenig erleichtert.

Dienstag, den 24. November 1863. Es hat sich etwas höchst Seltsames ereignet: ich habe einen Engländer kennengelernt und mich einige Male mit ihm unterhalten, einen nicht mehr jungen und sehr ernsten Mann. Wir sprachen des öftern, als wir nach dem Mittagessen allein im Salon zurückblieben, mit großer Sympathie über die Franzosen und über die verschiedenen Strömungen in der Gesellschaft, wobei immer ich das Gespräch herbeiführte. Dann fügte es sich irgendwie, daß ich aufhörte, mich mit ihm zu unterhalten, aber dennoch erschien ich weiter um die gewohnte Zeit im Salon, wohin auch er zu kommen pflegte, und wir schwiegen beide.

Sonntag erklärte er, er fahre in zwei Tagen nach Hause. Gerade an diesem Tage war ich während des Mittagessens so sehr traurig und fast verzweifelt, daß es allen auffiel, denn ich fühlte mich an diesem Tage besonders einsam. Madame Mir. war mit A. und den anderen in ein Konzert gegangen, ohne mir davon Mitteilung zu machen, obgleich ich selbst früher den Wunsch geäußert hatte, eine derartige Veranstaltung mit ihnen zu besuchen. »Hole sie der Teufel!« dachte ich und begann, mich nach dem Essen mit meinem Engländer zu unterhalten. Ich fragte ihn etwas über John Stuart Mill, und er ergriff das Thema mit großer Lebhaftigkeit, worauf sich auch Alchosoff in das Gespräch mischte. Ich erzählte nun, es gebe in der Bibliothek einen jungen Menschen, der mich öfters anspreche und mir in seinem Buche eine Abhandlung über die Bibel gezeigt habe. Er habe durchaus meine Ansicht darüber wissen wollen und mich hierdurch sehr belustigt.

In diesem Aufsatz behauptet der Autor, der Mensch sei zwar dazu geschaffen, daß er denke; dies allein genüge aber nicht: Um sich voll entfalten zu können, müsse jedermann auch die Leidenschaft der Liebe und der Eigenliebe empfunden haben.

Alchosoff und der Engländer gerieten hierüber in große Heiterkeit, und Alchosoff bemerkte, der junge Mann sei wohl noch sehr jung; er fragte mich, was ich erwidert hätte, worauf ich erklärte, ich hielte diese Ideen für durchaus mittelalterlich. Es gäbe wohl Liebe und Eigenliebe, es wäre aber lächerlich, heute, da wir so viel Notwendigeres zu tun hätte, diese Gefühle in uns großzuziehen. Wie könnten wir uns einen solchen Luxus gestatten, da wir doch Brot brauchten, um nicht Hungers zu sterben? Und wenn wir auch selbst für unsere Person zu essen hätten, so wären wir doch genötigt, dieses unser Vorrecht durch Millionen von Soldaten und Gendarmen täglich und stündlich zu verteidigen.

Ich sprach mit großer Wärme. Eine Menge Leute, unter anderem William, befanden sich im Zimmer, und dieser wechselte von Zeit zu Zeit mit dem neben ihm sitzenden Engländer Bemerkungen.

»Dieser junge Mann«, sagte mir der Engländer, indem er auf William wies, »hat die Beobachtung gemacht, daß unser Gespräch von gegenseitiger Sympathie getragen ist.«

»Das mag sein!« erwiderte ich.

»Das mag sein?« meinte der Engländer lächlend. »Und wie ist das mit dem jungen Mann in der Bibliothek?«

»Nun«, entgegnete ich in einer Anwandlung von Heiterkeit, »ich bin keine Freundin von Monopolen!«

Wir lachten sehr, und meine kecke Antwort schien dem Engländer gefallen zu haben. Neuerdings sprach er über den jungen Mann und meinte, die Sache sei ein wenig lächerlich, könne aber, persönlich genommen, sogar sehr interessant sein. Dann äußerte er noch, der junge Mensch habe wohl ein persönliches Interesse für Liebe und Eigenliebe, worauf ich meinte, ich hätte keinen

Grund zu dieser Vermutung. Mit einem Male erklärte der Engländer, er werde sich Mühe geben, mir im Laufe eines Jahres seine Meinung über Liebe und Eigenliebe besser auseinanderzusetzen. Als ich ihn erstaunt ansah, erklärte er lächelnd: »Ich will damit sagen, daß ich hoffe, in einem Jahr besser französisch zu sprechen.«

Als wir uns am nächsten Morgen beim Frühstück trafen, war er mürrisch. Mar. fragte ihn, wo er in London wohne, denn er gedenke im Januar nach England zu kommen und ihn aufzusuchen.

»Kommen Sie nicht im Januar nach Paris?« fragte Madame.

»C'est probable!« erwiderte der Engländer.

Nach dem Mittagessen ging ich wie gewöhnlich in den Salon, bald erschien auch er, und wir saßen einige Zeit allein nebeneinander; er war mürrisch und schweigsam.

Als ich am nächsten Morgen, also heute, Madame fragte, ob er morgen fahre, erwiderte er, dies sei noch unbestimmt. Ich verspürte gute Lust, hell aufzulachen, und lehnte mich tief in meinen Stuhl zurück, um mich auf diese Weise vor den Blicken des Engländers zu verbergen. Ich wäre sehr neugierig gewesen, was noch weiter käme, aber vorläufig geschah nichts.

Samstag, den 5. Dezember 1863. Gestern war ich im Café Rotonde und lernte dort einen jungen Mediziner, einen Holländer, kennen, den man übrigens für einen Russen halten kann, da er russisch spricht und denkt, in Rußland erzogen ist und diesem Staate dienen will. Heute war er bei mir, und wir unterhielten uns lange. Ein sonderbarer Mensch! Als ich bei irgendeiner Gelegenheit die Ansicht äußerte, die Menschen sänken unter Umständen auf die Stufe des Tieres herab, erwiderte er: »Sie sind also Aristokratin?« Dann suchte er mir lange zu beweisen, daß Tiere gescheiter seien als Menschen, denn sie wüßten gut mit uns auszukommen und uns zu verstehen, während der Mensch im Umgang mit Tieren sein völliges Unverständnis bekunde. Er halte Pferde für heilige Tiere, schätze in der Natur lediglich die feinen Nerven und würde es sich niemals erlauben, grundlos die Nerven irgendeines lebendigen Wesens zu zerrütten; die Religion sei ein gutes Mittel gegen Schurken. Er billigte meinen Wunsch, nach Amerika zu fahren, keineswegs: er meinte, es gebe dort wenig Gutes, und Schlangen könne man viel besser und bequemer im *Jardin des plantes* hinter Gittern betrachten.

Ich hasse Paris und kann mich doch von dieser Stadt nicht losreißen, vielleicht deshalb, weil sie etwas an sich hat, was Menschen anzieht, die keine bestimmte Heimat und kein festes Ziel haben. Mein Wunsch, Amerika zu sehen, wird nicht schwächer; ungeachtet all der neuen Menschen und neuen Beschäftigungen, die mich umgeben, verfolgt mich doch immer nur ein einziger Gedanke und eine einzige Gestalt. Was ist es nur, das mich dermaßen an ihn fesselt? Sollte es etwa die Enge seiner Begriffe sein, seine Unfähigkeit, über manche Dinge zu urteilen? Nein, es gibt eben überhaupt keine Menschen, und in all den anderen sehe ich immer nur die kleinlichste Prosa.

Samstag, den 12. Dezember 1863. Heute war Sadler da.

»Wissen Sie«, sagte er, »wir wollen mit einer kleinen Gesellschaft nach England fahren. Kommen Sie mit uns!«

»Ich möchte gerne, aber wie und wann?«

»Bald, sehr bald, äußerst bequem und vor allem billig! Die Fahrt kostet hin und zurück 37 Franken, das Billett gilt einen Monat, man kann eine Woche in England verbringen, alles besichtigen und sich dann auf den Rückweg machen!«

»Der Plan gefällt mir in der Tat nicht übel!«

»Nun, so fahren wir!«

»Aber wie ist es mit der Sprache?«

»Das hat nichts zu sagen. Man kann die Sprache lernen, nehmen Sie sich einen Lehrer und studieren Sie eine Woche, das genügt!«

»Wie? Nur eine Woche?«

»Gewiß, was meinen Sie denn? Wir werden doch nicht lange Umstände machen: ›Geben Sie mir, bringen Sie mir, erlauben Sie, wo ist diese und jene Straße‹, das ist alles, was man auf Reisen benötigt!«

»Und Sie rechnen nur eine Woche für die Vorbereitungen?«

»Was ist da lange nachzudenken? Fangen wir gleich morgen mit dem Unterricht an, ich will Ihnen noch heute einen Lehrer ausfindig machen. Im übrigen haben Sie ja hier das Lexikon von Reif, das auch englische Worte enthält!«

Er schlug das Lexikon auf.

»Sehen wir gleich einmal, was es da für Worte gibt: ›bestrahlen, bestreuen‹ . . . nun, das brauchen wir einstweilen nicht! Weiter! ›erröten, Umwandlung‹ . . . auch das ist unnötig! ›Zurückkehren‹, aha, da haben wir es: *return*. Wir werden uns schon verständigen! Wir sehen uns die Straßen und die wichtigen Gebäude an, gehen ins Theater, besichtigen das Parlament und Palmerston darin und werden ihm Vivat zurufen. Ich war einmal in Berlin in der Kammer und habe dort aus Leibeskräften ›Hört! Hört!‹ geschrien. Also fahren wir?«

»Fahren wir!«

»Ausgezeichnet! Für die Reise 37 Franken, verschiedene Ausgaben 50 Franken, für die Kost täglich 10 Franken = 100 Franken genügen reichlich!«

Samstag, den 13. Dezember 1863. Hier in Paris ist alles so über die Maßen käuflich, so gänzlich gegen die Natur und gegen den gesunden Menschenverstand, daß ich, die ich eine Barbarin bin, so wie einst ein berühmter Barbar in Rom, ausrufen möchte: »Dieses Volk wird zugrunde gehen!« Dieser Meinung sind die besten Geister Europas. Alles wird hier feilgeboten, das Gewissen so wie die Schönheit; überall äußert sich Korruption und Bestechlichkeit, in den leeren, geschliffenen Worten von Madame ebenso wie in den eingeschnürten Taillen der Mädchen, die paarweise in den Straßen einherspazieren. Besonders spürt man diese allgemeine Käuflichkeit, wenn man allein lebt. Ich bin schon durchaus gewohnt, alles um bares Geld zu erwerben, die warme Atmosphäre des Zimmers und die freundlichen Anreden der Dienstboten, so daß es mir ungehörig erscheint, etwas ohne Geld zu erhalten. Wenn ich jemanden auf der Straße um eine Auskunft ersuche, habe ich sogleich das peinliche Gefühl, diese

Frage werde mich teuer zu stehen kommen. Heute während des Mittagessens sprach man von den Vorzügen des Champagners. Monsieur M. verteidigte mit Wärme dessen individuelle Eigenart, die irgend jemand zu bestreiten für nötig fand.

23. Dezember 1863. Manchmal versetzt mich die Dummheit der mir begegnenden Menschen in helle Verzweiflung. So war es Sonntag, als der Wirt behauptete, *Le . . .* de mariage* sei eine ausgezeichnete Sache, und niemand ernstlich widersprach; das unsinnigste Zeug wurde aufgetischt, bis ich es endlich nicht länger aushielt, mich erhob und wegging. Dann machte ich einen Spaziergang, irrte lange wie verloren in den Straßen umher und brach zuweilen in Tränen aus.

Ich lerne jetzt spanisch und finde bei dieser Beschäftigung viel Vergnügen; auch der Prozeß des Lernens an sich gefällt mir; aber manchmal faßt mich mitten in der Arbeit der Gedanke an ihn, und mein Herz preßt sich schmerzlich zusammen.

Heute sind neue Pensionäre erschienen, zwei Nordamerikaner, die mir gut gefallen, insbesondere der eine, der ein energisches und ernstes Gesicht hat. Er betrachtete mich aufmerksam und nachdenklich, und auch ich blickte ihn in demselben Augenblicke an. Diese beiden sehen aus, als wären sie Menschen; aber wir werden einander wohl nicht näherkommen.

Donnerstag, den 31. Dezember 1863. Heute blieb ich nach Tisch im Speisezimmer sitzen und las einen Brief, den ich eben erhalten hatte; der Wirt und noch andere befanden sich im Salon, offenbar wurde über mich gesprochen und ich hörte bloß die Worte: »*Cette pauvre fille.*« Dann riß das Gespräch ab, da man offenbar bemerkt hatte, daß ich in der Nähe war, hieraufy trat T. ein, sagte mir etwas Belangloses und zog sich zurück. Als ich mit meiner Lektüre zu Ende war, trat ich in den Salon, um die Neuigkeit

* Unleserlich, vermutlich: die Vernunftehe.

über Tschernischewski zu erzählen, wurde jedoch bald darauf hinausgerufen, weil ein Herr gekommen war.

Morgen, während des Frühstücks, werde ich mit einem meiner Nachbarn ein Gespräch darüber beginnen, daß Reisende in fremden Ländern, und besonders Russen, in Paris häufig einen unglücklichen Eindruck machen.

7. Januar 1864. Vor kurzem hörte ich Francis, der mir sehr gut gefiel. Seine Ideen sind kühn, ehrlich und lebensvoll, und er verfällt nicht in das jammervolle Extrem, jedes Mittel durch den Zweck rechtfertigen zu wollen. Seine Sprache ist lebhaft und ohne Schwulst. Dieser Mann verkörpert vollkommen mein Ideal eines Franzosen; sogar sein Äußeres hat mir gefallen. Er ist ein hagerer alter Mann mit einem beweglichen Gesicht und durchdringenden Augen, in dessen Antlitz ich einen unbeschreiblichen Anflug von Ironie wahrnahm, dabei von großer Einfachheit und Vornehmheit zugleich. Er ist von eleganter, aristokratischer Gestalt, und mir fielen besonders seine Hände mit den langen feinen Fingern auf. Ich habe auch bemerkt, daß er es wohl versteht, sich bei der Masse einzuschmeicheln und das gerne tut. Er hat auf mich einen sehr guten Eindruck gemacht, denn ich habe schon lange keine ehrlichen und lebensvollen Worte mehr gehört.

Heute war ich in der Bibliothek, die ich bereits seit vorgestern wieder besuche; gestern traf ich zum erstenmal meinen Bekannten wieder, aber ich saß auf einem andern Platz als er, worüber er mir Vorwürfe machte. Heute war er bereits anwesend, als ich eintrat, und da ich an ihm vorbeigehen wollte, forderte er mich auf, mich neben ihn zu setzen. So erfüllte ich denn seinen Wunsch, und wir gerieten in ein langes Gespräch. Erst wollte er meine Ansicht über den polnischen Aufstand kennenlernen, dann fragte er, ob es in Rußland gebildete Bauern gebe und ob ich öffentliche Vorträge besuchte, schließlich erkundigte er sich nach meinem Fachstudium. Als ich dann das gleiche tat, teilte er mir mit, er studiere Philosophie. Er ließ sich vieles über Rußland erzählen und meinte, er werde vielleicht hinreisen; er habe einen Bekannten, der die russische Sprache beherrsche. Endlich ersuchte er mich, ich möge ihm die Bedeutung einzelner russischer Worte erklären und wollte damit beginnen, mir vorzubuchstabieren. Als ich ihm hierauf mit meiner gewohnten Offenherzigkeit erklärte, so ginge das nicht, und ihn aufforderte, er möge mir lieber den Zettel zeigen, da wurde er verlegen, reichte mir aber endlich doch ein Stück Papier, auf dem geschrieben stand: »Mein Herzchen, mein gutes liebes Mädchen!« Ich erklärte ihm, daß dies eine Dummheit sei. »Ich werde den Zettel zerreißen!« entgegnete er niedergeschmettert. Ein lieber Junge! Es mag ihm wohl schwergefallen sein, mich anzusprechen, und dieser Schritt war für ihn ein kühnes Unterfangen.

Seit einiger Zeit beginne ich wieder an Salvador zu denken. Ich hatte mich schon ziemlich beruhigt, lernte eifrig und wurde nur manchmal von einem Gefühl der Empörung erfaßt; jetzt aber erinnere ich mich, ohne zu wissen warum, besonders häufig an die mir widerfahrene Demütigung, und die Überzeugung kommt mir nicht aus dem Sinn, ich hätte meine Schuld nicht beglichen. Ich weiß nicht, wie und wann ich es ihm heimzahlen soll, ich weiß nur, daß das geschehen muß, wenn ich nicht an diesem Schmerz zugrunde gehen soll!

Ich habe die Empfindung, als könnte ich meine Ruhe nicht wiedergewinnen, solange jenes Haus, jene Straße existiert, wo ich so Schweres erlitten habe, solange dieser Mensch Achtung, Liebe und Glück genießt; ein inneres Gefühl sagt mir, man dürfe derartige Dinge nicht straflos vorübergehen lassen. Ich bin schon oft von Menschen beleidigt worden, die ich liebte, oder von solchen, die mich liebten, und ich habe viel erduldet. Niemals aber ist in mir das Bewußtsein meiner verletzten Würde erstorben, das jetzt sein Recht fordert. Alles, was ich täglich sehe und höre, beleidigt mich, und meine Rache an ihm soll mich zugleich an der ganzen Welt rächen. Nach langem Überlegen bin ich zu der Überzeugung gelangt, man dürfe alles tun, was man für notwendig hält. Ich weiß nicht, wie ich handeln werde, aber daß ich irgend etwas unternehmen muß, steht fest. Ich will ihn nicht ermorden, denn das wäre zuwenig; mit einem langsam wirkenden Gift will ich ihn treffen, ihm jede Freude nehmen und ihn demütigen.

Paris, den 13. Februar 1864. Heute habe ich mir Schuhe angeschafft. Der Verkäufer und seine Frau waren ungewöhnlich zuvorkommend, zeigten mir eine Menge Schuhwerk, ließen mich probieren und legten eine solche Dienstbeflissenheit an den Tag, daß ich mich ordentlich schämte, als ich schließlich für die Kleinigkeit von drei Franken ein Paar erstand. Nun hat sich herausgestellt, daß sie mich um einen halben Franken übervorteilt haben, da die gleichen Schuhe nirgends mehr als zweieinhalb Franken kosten. Ich war sehr betroffen.

Paris, Sonntag, den 14. Februar 1864. Gestern war ich bei Ger. Ich hatte mich die ganze Zeit über sehr niedergeschlagen gefühlt und auf der Fahrt zu Ger. sogar geweint, aber ich hatte das Gefühl, er werde mich aufrichten, denn er erschien mir als das verkörperte Ideal eines milden Greises, der von Liebe und Schmerz erfüllt ist.

Um ein Uhr kam ich hin, fand keine Seele vor und stand lange ratlos da, ohne zu wissen, wohin ich mich wenden sollte. Endlich ließ sich hinter einer Türe Husten vernehmen. Ich klopfte an. »Amen!« schrie laut eine grobe Stimme.

»Verzeihen Sie«, sagte ich, während ich die Türe leicht öffnete, »ich weiß nicht bestimmt . . .«

»Amen!«

Die Türe öffnete sich und ich trat in das Zimmer, wo ein robuster Mann vor einem Schreibpult saß, der mir ganz anders erschien, als ich ihn von der Kirche her in Erinnerung hatte.

War es seine Mütze mit dem schwarzen Flor oder die Folie der Kirche gewesen, die auf mich solchen Eindruck gemacht hatte, hier wirkte er auf mich durchaus anders, obgleich ich dasselbe ruhige und scharf geschnittene Gesicht vor mir sah.

»Was wünschen Sie?« fragte er und hob den Kopf, um mir einen harten und ungeduldigen Blick zuzuwerfen. Dieser Empfang wirkte auf mich dermaßen niederschmetternd, daß meine im höchsten Maße erregten Nerven mich im Stiche ließen, ich ein Schluchzen in der Kehle verspürte und kein Wort hervorbringen konnte.

»Nun?« sagte er barsch und sah mich verwundert an.

Ich konnte mich nicht länger beherrschen und weinte, während er zum Fenster hinausblickte. In dem gleichen Augenblick wurde an die Tür geklopft und ein Arbeiter trat ein, mit dem er sogleich ein Gespräch über anzuschaffende Gegenstände und über das Drucken von Affichen begann. Dann erteilte er noch einige Anordnungen, die das Aufräumen und Ausbessern mancher Gegenstände betrafen und feilschte dabei wie ein Jude. Hätte ich nicht zuviel mit mir selbst zu tun gehabt, ich hätte über den praktischen Sinn dieses Geistlichen nicht genug staunen können; immerhin gab mir das Gespräch Zeit, mich ein wenig zu erholen.

»Sie sind Russin?« fragte er mich, als der Mann fortgegangen war.

Ich stand schweigend mit gesenktem Haupte vor ihm.

»Womit kann ich Ihnen dienen?« fragte er etwas freundlicher. »Suchen Sie eine Stelle?« fuhr er fort, als ich noch immer schwieg. »Brauchen Sie Geld oder haben Sie sich etwas zuschulden kommen lassen?«

Diese letzte Frage stellte er mit besonderer Strenge, als ich noch immer schweigend dastand. Ich fuhr unwillkürlich auf und warf den Kopf zurück.

Da er nun sah, daß alle seine Vermutungen unzutreffend waren, konnte er zunächst nicht begreifen, was ich denn eigentlich von ihm wollte; endlich begann er, als ob er sich darauf erst besonnen hätte, von Gott zu sprechen, doch in einem Tone, wie wenn er eine Lektion herunterleierte. Zum Schluß sagte er, alle meine Gedanken seien Unsinn: wenn es auf Erden auch Verbrechen und Leiden gebe, so existierte doch auch eine Vorsehung. Nur Schufte oder Taugenichtse seien wahrhaft unglücklich. Endlich meinte er, der Kaiser sei von Gott eingesetzt und Alexander stelle das Ideal eines Monarchen und Menschen dar.

17. Februar 1864. Wieder steigen Gedanken der Rache in mir auf. Wie kleinlich ich doch bin! Ich stehe jetzt allein auf der Welt und betrachte alle Dinge um mich her ganz, als wäre ich daran unbeteiligt, und je mehr ich von der Welt sehe, desto widerwärtiger finde ich sie. Was tun die Menschen, wofür plagen sie sich, worüber schreiben sie? Da liegt vor mir ein Buch, das in sechs Monaten bereits sechs Auflagen erzielt hat. Und was enthält es? Der Verfasser ist davon begeistert, daß in Amerika ein Bäcker einige Zehntausende jährlich verdient, daß man dort ein Mädchen ohne Mitgift heiraten könne und daß schon sechzehnjährige Burschen imstande seine, sich selbst zu erhalten. Das sind ihre Hoffnungen, ihr Ideale! Ich könnte die ganze Welt in Stücke reißen!

Mittwoch, den 3. März 1864. Gestern war ich bei einem Vortrag von Philaret Charles und war überrascht von den Possenreißereien dieses Herrn. Sogleich nachdem er das Katheder bestiegen hatte, kniff er die Augen zusammen und begann zu dozieren, wobei er mit den Armen fuchtelte und sich beinahe auf dem Tisch ausstreckte, wahrscheinlich um das Publikum zu ergötzen, das ihm mit großem Vergnügen zusah.

»Ich will Ihnen Vorträge halten«, so dozierte er etwa, »wie sie noch niemand bis auf den heutigen Tag gehalten hat, nach einer Methode, die noch kein Mensch in Europa angewendet hat. Ich will Ihnen von dem Jahrhundert Ludwigs XIV. erzählen. Sie sind vielleicht der Meinung, dies sei ein großes Jahrhundert gewesen? Sie sind im Irrtum! Bitte lesen Sie nur, lesen Sie, lesen Sie. Da ist unlängst ein Buch von einem Deutschen erschienen, von dem Sie wahrscheinlich nichts wissen werden, von dessen Autor sicher noch niemand von Ihnen jemals etwas gehört hat. Sie bilden sich ein, Ludwig XIV. habe die Wissenschaften, Künste und die Literatur gefördert! Nun ja, die Kunst mag er wohl geliebt haben, den Apollo vom Belvedere, die Venus von Medici, denn das ist Schönheit, Sonne! Wissen Sie aber, wie er sich zu der Malerei der flämischen Schule verhalten hat? ›Das‹, sagte er, ›ist Dreck! Wozu malen sie dort Bauern mit Pfeifen?‹ Dieser Ludwig XIV. hatte viele Henker, und seine Fürsorge für die Literatur bestand darin, daß er seinem Oberhenker sagte, man müsse die Literatur verbieten, verfolgen und verbrennen! Eine grausame und strenge Zeit ist das gewesen, und ich bin froh, daß ich nicht damals gelebt habe, denn bei meinem Temperamente wäre es mir wohl schlimm ergangen!«

Dann begann er, gegen den französischen Roman loszuziehen und pries die Werke der Engländer, schließlich gelangte er zu Molière und zu Shakespeare.

Anfangs lachte ich herzlich und merkte, daß auch andere Leute in Heiterkeit gerieten; dann aber wurde mir klar, daß diese beifällig lachten und klatschten, was mich verdroß.

Immer wieder zieht meine Person die Aufmerksamkeit auf sich; ein Umstand, den ich schon herzlich satt habe. Ich bin doch nicht die einzige Frau hier, welche Vorlesungen und Bibliotheken besucht! Es gibt deren mehrere, aber ihre Physiognomien unterscheiden sich von der meinigen: die Frauen hier kommen mit Blumen, Spitzen und Schleiern und in Begleitung ihrer Mütter, wenngleich es auch einige ernste Mädchen gibt und sogar eine Nihilistin; während ich mich gut benehme, klatscht sie, trampelt und schreit bravo! kleidet sich schlecht und kommt allein; dennoch aber beachtet sie niemand, weil sie nicht mehr jung ist. Jedermann findet es natürlich, daß ein alterndes Mädchen, des Harrens müde, sich in Ermangelung eines Besseren auf die Wissenschaften stürzt; mir aber gibt man keine Ruhe, und man wird nicht müde, mir in den Pausen die albernsten Fragen zu stellen. Ich bin dessen schon überdrüssig, nehme während der Pausen ein Buch zur Hand und stelle mich, als wäre ich in die Lektüre vertieft, nur um auf diese Weise dem Angeredetwerden zu entgehen.

Natürlich folgt nun die unvermeidliche Frage, was das für ein Buch sei, ob es polnisch oder griechisch und ob ich eine Ausländerin sei. Ich erwidere, rot vor Wut, ohne die Augen zu heben, das Buch sei weder polnisch noch griechisch, will jedoch meine Nationalität nicht verraten, denn das würde ein noch größeres Aufsehen erregen.

»Was ist denn das nun also wirklich für ein Buch?«

Dienstag, den 8. März 1864. Die Langeweile tötet mich beinahe. Es ist herrliches Wetter, und ich habe von dem Fenster meines Zimmers im fünften Stockwerk eine wundervolle Aussicht, aber ich sitze hier wie ein Tier im Käfig. Weder die englischen Verba noch die spanischen Übersetzungen können meine Qual betäuben. Was habe ich nicht alles getan, um mich aufzuheitern, doch kein Mittel will helfen!

17. März 1864. Gestern war ich bei M. Er hat eine sehr elegante Wohnung und eine große Bibliothek voll von schwedischen, englischen, französischen und russischen Büchern. Den ganzen Tag sitzt er am Kamin und kritzelt irgend etwas. Welch ein triviales Leben! Und doch kenne ich viele junge Menschen, deren höchstes Lebensziel darin besteht, auch einmal eine solche Bibliothek zu erwerben, von solchen Bildern umgeben zu sein, an einem Kamin zu sitzen und nichts zu tun. Wie viele Kräfte und Überzeugungen werden diesem seltsamen Ziele geopfert.

2. April 1864. Ich kann diese aufdringliche Schwermut nicht abschütteln, und jedesmal wieder erfaßt mich ein seltsam beklemmendes Gefühl, wenn ich vom Belvedere auf die Stadt hinabblicke. Der Gedanke flößt mir wahnsinnige Angst ein, ich könnte mich dereinst ganz in dieser Menge verlieren.

3. April 1864. Gestern trat ich in einen Laden, fand niemanden vor und mußte warten, bis einige Minuten später der Besitzer kam, mit rotem Kopf, einer schmutzigen Bluse und ein wenig angeheitert.

»Haben Sie warten müssen, Mademoiselle?« sagte er, verkaufte mir hierauf Papier und kam auf den Einfall, mir zwei Bogen »*pour rien*« beizulegen. – »Sie sind sehr generös!« sagte ich, worauf er in dem ernstesten Ton von der Welt erwiderte: »Wenn es sich um eine Dame handelt, ist keine Generosität groß genug!«

Vor einigen Tagen ging ich abends durch die Rue de Médecine. An der Ecke des Sebastopol-Boulevards stand eine Anzahl junger Leute und mit ihnen eine hübsche junge Frau, deren sorgfältig aufgebaute Frisur mir auffiel, da sie keinen Hut trug. »*Dites donc!*« sagte sie launisch zu einem der jungen Männer und legte ihm die Hand auf die Schulter. Dieses Bild hat sich mir tief eingeprägt und ich fühlte in diesem Augenblick, ohne zu wissen warum, eine Art Erleichterung meines eigenen Kummers. Es wurde heller in mir. Ich kenne nichts Widerwärtigeres als solche Frauen; schroffe Gesten oder ein frecher Gesichtsausdruck sind mir bedeutend weniger unerträglich.

17. April 1864. Vor einigen Tagen habe ich zwei Persönlichkeiten kennengelernt: Eugenie Tur* und Marko Wowtschok. Eugenie Tur hatte bei K. von mir gehört und diese ersucht, mich ihr vorzustellen. Sie bezauberte mich auf den ersten Blick vollständig, denn ihre Lebhaftigkeit und ihr leidenschaftliches Wesen machten auf mich einen tiefen Eindruck. Und welche Einfachheit bei all ihrem Verstande und ihrer Bildung! Ich verspürte in ihrer Gegenwart nicht die mindeste Steifheit oder Befangenheit, die mich sonst fast stets bei der ersten Bekanntschaft anwandelt, selbst wenn ich gebildete und menschenfreundliche Personen kennenlerne. Ich sprach mit ihr sogleich in derselben Art, wie ich mit meiner Mutter zu reden pflege. Wir weinten und wir küßten uns, sowie sie von den polnischen Angelegenheiten zu erzählen begonnen hatte, und sogleich bei diesem ersten Zusammentreffen forderte sie mich auf, bei ihr zu wohnen. Sie lebt hier mit ihrem Sohne und hat mir versprochen, sie wolle mir französischen und englischen Unterricht erteilen und zu diesem Zweck ausschließlich französisch mit mir sprechen. Für den Sommer lud sie mich zu ihren Freunden in die Sommerfrische ein und äußerte ihr lebhaftes Bedauern darüber, mich nicht schon früher gekannt zu haben. Schon am übernächsten Tage kam sie in Begleitung

* Schriftstellername der Gräfin Eugenie Saliás.

ihrer Freunde zu mir, worauf wir zu fünft nach dem Friedhof Père Lachaise gingen.

Ein Herr Luginin, dem mich die Gräfin besonders anempfohlen und dem sie gesagt hatte: »Wenn Sie spazierengehen, holen Sie immer auch Mademoiselle Suslowa ab!« saß mir gegenüber und suchte mich zu unterhalten, doch ich hörte lieber der Gräfin zu, die mit einem andern Herrn sprach.

Sie scheint keine Freundin von Kompromissen zu sein, und ich mußte sie bewundern, als sie sagte, sie verstünde nicht, was aus einem Menschen werden sollte, der bereits mit zwanzig Jahren alle Feindschaft vergesse, da sie doch mit ihren vierzig Jahren noch die Kraft zum Haß habe. Sie meinte, aus dem Betreffenden könne mit dreißig Jahren bestenfalls ein Spion werden.

Der Herr, mit dem sie sprach, bemerkte hierauf, auch konservative Ideen hätten ihre Daseinsberechtigung. »Darüber streite ich ja gerade«, rief sie lebhaft, »daß der konservative Gedanke bei uns keine Daseinsberechtigung hat! In England und in Frankreich gibt es wohl konservative Parteien, aber ich wüßte nicht, daß sie sich so wie bei uns jemals für die Knute eingesetzt hätten! Im Gegenteil, im Westen sind die Konservativen oft liberaler und humaner als die revolutionären Parteien!«

Diese Frau hat die Charakterfestigkeit besessen, ihren Verkehr mit Turgenjeff sogleich abzubrechen, als dieser einen Brief an den Zaren geschrieben hatte, er wolle aus Verehrung für den Herrscher alle Beziehungen zu seinen Jugendfreunden aufgeben.

Ohne jegliche Empfehlung bin ich zu Frau Markéwitsch gegangen, die mich liebenswürdig aufnahm und erklärte, sie habe bereits von mir gehört und hätte mich schon aufgesucht, wenn ihr meine Adresse bekannt gewesen wäre. Anfangs war ich von ihr geradezu bezaubert; als sie mir Tee anbot, lehnte ich nicht ab, da ich furchtbaren Durst verspürte, doch nachher hatte ich das Gefühl, ich hätte doch besser getan, ihre Gastfreundschaft nicht anzunehmen. Ihre Liebenswürdigkeit schien mir mit einem Male nichts anderes zu sein als jene gebräuchliche Manier, alle beliebigen Menschen zu empfangen und sie mit Speise und Trank zu füttern, wie jede russische Edelfrau sie ausübt.

Nachdem wir uns ein wenig unterhalten hatten, forderte sie mich plötzlich, Gott weiß weshalb, auf, ich möge ein wenig warten, da sie einen Brief zu schreiben habe; später wieder wollte sie den Brief auf die Post tragen und bat mich wieder, ich möge mich ein wenig gedulden; ich aber zog es vor, mit ihr zusammen wegzugehen.

Das Wetter war schön und Madame Markéwitsch begleitete mich bis zu dem Omnibus. Unterwegs unterhielten wir uns über unsere Arbeiten, sie aber schien sich ausschließlich für die Honorare zu interessieren, die jetzt von den Zeitungen gezahlt werden. Sie erkundigte sich auch, ob ich mir Sommertoiletten angeschafft hätte, und wollte sogleich alle Details über deren Art und Preis erfahren.

Überhaupt hatte ich bei ihr den Eindruck von Kälte und Vorsicht: Sie scheint die Menschen zu beobachten, und man sieht sogleich, daß man es bei ihr mit einer verständigen und kaltblütigen Frau zu tun hat, die sich niemals wird hinreißen lassen.

Die Gräfin behauptet, sie sei eine zartfühlende Frau, doch ich konnte fürs erst diesen Eindruck nicht gewinnen. Es mag sein, daß sie sich nur mir gegenüber anders gibt. Darüber, daß sie eine kühle Natur ist, bin ich mit der Gräfin einig und ich mußte unwillkürlich Vergleiche zwischen diesen beiden Frauen anstellen, wobei es mir schien, als könnte ich vor Madame Markéwitsch niemals meinen Tränen freien Lauf lassen. Aber es kam doch anders.

Am übernächsten Tage ging ich zur bestimmten Stunde, wie sie mich aufgefordert hatte, wieder zu Frau Markéwitsch. Sie hatte mir versprochen, jene ihrer Werke für mich vorzubereiten, die ich noch nicht gelesen hatte. Als ich ein enges Gäßchen durchschritt, begegnete ich einer noch ziemlich jungen, sehr ärmlich, aber sauber gekleideten Frau, die weinend und schüchtern auf mich zukam. Ich dachte zuerst, sie wolle mich nach dem Weg fragen, wurde jedoch sogleich eines andern belehrt, als sie mich bat, ich möge ihr zwei Sous geben, da sie noch nichts gegessen hätte. Ihre sehr anständige und traurig-ergebene äußere Erscheinung machte auf mich Eindruck und ich gab ihr einen Franken, die einzige kleinere Münze, die ich bei mir hatte. Sie dankte mir und ging weiter. Ich war schon daran, meinen Weg fortzusetzen, überlegte jedoch unter dem nachhaltigen Eindruck der Begegnung, ob ich dieser Frau nicht weiter helfen könnte, kehrte zurück und holte sie alsbald ein.

»Könnte ich Ihnen vielleicht irgendwie von Nutzen sein?« fragte ich. »Sind Sie krank gewesen oder ist Ihnen ein Unglück zugestoßen? Wenn Sie arbeiten können, wäre es mir vielleicht möglich, eine Beschäftigung für Sie ausfindig zu machen! Kommen Sie zu mir!«

Ich hätte ihr gerne meine Adresse aufgeschrieben, hatte jedoch keinen Bleistift bei mir; sie meinte, sie könne sich meine Wohnung auswendig nicht merken und schlug vor, wir sollten in einen Laden treten. Dort notierte ich meine Adresse und fragte dann den Krämer, wieviel ich für den Gebrauch des Bleistiftes zu bezahlen hätte. Er erwiderte: »Gar nichts.« Ich bedankte mich und ging, da ich große Eile hatte.

»Ich werde Sie nie vergessen!« sagte die arme Frau innig, als sie von mir Abschied nahm.

Madame Markéwitsch traf ich nicht zu Hause, doch machte mir ihre Mutter den Vorschlag, ich möge auf sie warten. Sie erzählte mir, ihre Tochter sei zu Turgenjeff gefahren, und bemühte sich, mich fühlen zu lassen, daß Turgenjeff gestern zwei Stunden vergeblich auf ihre Tochter gewartet habe, ohne sie zu sehen. Dann teilte sie mir mit, es werde heute auch die Frau des Malers Jakobi kommen, eine blutjunge hübsche und sehr liebenswürdige Dame. Es dauerte auch gar nicht lang, bis Frau Jakobi erschien, und nach kurzem Gespräch mit ihr konnte ich endlich Madame Markéwitsch selbst begrüßen, die mir schweigend die Hand drückte.

Sie teilte mir mit, sie habe die Bücher für mich noch nicht herausgesucht, begann sogleich wieder über Geldangelegenheiten zu sprechen und nötigte uns schließlich, einige Porträts anzusehen, mit denen sie sehr unzufrieden sei. Ich fand, daß daran die Pose schuld trage, denn sie hatte sich mit einem Mantel drapiert malen lassen, der zu ihrem unschönen Gesicht keineswegs paßte.

Bald darauf kam man auf die Gräfin Saliás zu sprechen, und ich war genötigt, gelegentlich zu erwähnen, daß diese mich besucht hatte; die anderen haben gewiß gedacht, ich hätte diese Bemerkung mit Absicht fallenlassen. Das Gespräch nahm hierauf eine Wendung ins Alberne und mir wurde mit einem Male traurig zumute, als ich diese Nekrasoffschen »Triumphierenden«, »Müßig-Redenden« betrachtete. Man lud mich zum Kaffee ein, doch lehnte ich ab, da ich schon gefrühstückt hätte, und brach auf. Die Hausfrau hatte bemerkt, daß ich traurig war, und suchte mich nach der Ursache zu befragen, als sie mich zur Türe begleitete. Ich erwiderte nichts, hatte aber Tränen in den Augen.

»Sagen Sie doch, was Ihnen geschehen ist!« rief Madame Markéwitsch teilnahmsvoll, nahm mich bei der Hand und führte mich in ihr Schlafzimmer. Ich folgte ihr mechanisch, während mir die Tränen über das Gesicht strömten, und ich wurde zugleich von einem Gefühl der Ohnmacht und der Scham gefoltert; ich schützte nun mein Erlebnis mit der hungernden Frau als Grund für meine Aufregung vor und ging nach kurzer Zeit nach Hause. Noch beim Abschied ermahnte mich Madame Markéwitsch, ich möge, falls ich Schwierigkeiten hätte, mich an sie wenden.

»Was kann es denn in einem zivilisierten Staat für Schwierigkeiten geben?« erwiderte ich mit halb spöttischem und halb traurigem Lächeln.

Sie hatte mir versprochen, mich am nächsten Tage zu besuchen und kam auch pünktlich zur festgesetzten Stunde. Ich erblickte sie bereits vom Fenster aus, ging ihr sogleich entgegen und begrüßte sie mit der größten Liebenswürdigkeit, doch ohne eine Spur von Ehrfurcht. Wir unterhielten uns etwa eine Stunde, dann begleitete ich sie heim, und wir sprachen noch lang. Sie erinnerte mich an mein Versprechen, ihr meine Arbeiten zu geben, und nahm mir, da ich diese nicht bei mir hatte, das Versprechen ab, sie nach einer Woche zu besuchen und ihr meine Novellen vorzulesen.

Luginin hatte sich während unseres Spazierganges auf dem Friedhofe bereit erklärt, ein Verzeichnis historischer Bücher für mich zusammenzustellen; er will mich offenbar bilden und hat mir in höchst naiver Weise den Unterschied zwischen Idealismus und Materialismus auseinanderzusetzen versucht, als er gehört hatte, daß ich diese beiden Begriffe nicht gut definieren könne.

8. Mai 1864. Gestern bin ich bei Madame Markéwitsch gewesen, die inzwischen meine Novelle gelesen hat und sie nun lobt. Nach ihrer Meinung ist meine Arbeit besser als die der Saliás. Auch meine unveröffentlichte Novelle, die ich ihr vorgelesen habe, gefiel ihr, nur war sie mit dem Schluß nicht einverstanden.

Als sie im Gespräche meinte, man müsse die Menschen mit hundert Augen betrachten, entgegnete ich, dies sei meiner Ansicht nach Zynismus. Welch ein Vergnügen kann denn ein solches Besehen und Sichinachtnehmen bereiten? Ich würde sogar auf das Glück verzichten, wenn es mit solchen Mitteln erworben werden müßte, denn es wäre dann ein künstlich zurechtgemachtes Glück. Möge man mich verlachen, möge man mich betrügen, ich will an die Menschen glauben.

22. Mai 1864. Nach einer zweiwöchentlichen Krankheit, während welcher die Gräfin Saliás mich mit mütterlicher Sorgfalt gepflegt hatte, bin ich heute zum ersten Male aufgestanden. Luginin und Ussoff hatten mich während meiner Krankheit oft besucht und viel mit mir gesprochen. Während wir einmal über die russische Nation sprachen, zeigte es sich, daß die beiden von ihr keine hohe Meinung hatten, und Ussoff sagte, ihm sei die Sitte der Wilden, nach der die erwachsenen Söhne ihre Väter töten und auffressen, nicht unsympathisch. Er meinte, es könnte nichts schaden, wenn man diesen Brauch auch bei uns einführte.

Heute war mit den beiden Herren auch die Gräfin Saliás bei mir; sie begann alsbald von ihrem Neffen zu sprechen, den sie in der Schweiz studieren läßt. Im Anschluß an dieses Thema meinte sie, die schweizerische Erziehung habe den Fehler, daß die Kinder dort zu Kosmopoliten würden; Luginin hingegen meinte, ebendies gefalle ihm, er halte das Weltbürgertum für etwas Vortreffliches und sei persönlich ebenso gerne bereit, Frankreich oder England zu dienen als seinem Vaterland. Er bleibe zwar in Rußland, weil ihm die Sitten und die Sprache dieses Volkes am besten vertraut seien, doch habe er weder mit den russischen Bauern noch mit den Kaufleuten etwas gemein, teile deren Glauben nicht und verachte ihre Grundsätze.

Ich ärgerte mich sehr über diese Reden, schwieg jedoch, ebenso wie die Gräfin, die nur am Anfang versucht hatte, den Patriotismus vom Standpunkt der Gewohnheit aus zu verteidigen. Als wir später auf meinen Arzt zu sprechen kamen, entwickelte sich zwischen der Gräfin und mir eine Meinungsverschiedenheit, die dahin führte, daß sie auf das lebhafteste ihre Zusammengehörigkeit mit den Bauern und dem Landvolke betonte und meinte, sie gehöre nicht in die zivilisierte Gesellschaft und habe nur unter Bauern das Bewußtsein, daß ihr niemand Böses wolle.

Spa, den 15. Juni 1864. Hier ist es sehr schön und, o Wunder, die Deutschen gefallen mir besser als die Franzosen. Die Wirtin, eine Holländerin, mästet mich mit belegten Brötchen und Bier. Die Leute hier essen fünfmal im Tage. Der Wirt ist mürrisch und sieht aus wie ein Seelenmörder, scheint aber im Grunde ein guter Mensch zu sein. Außer mir wohnt hier noch ein Franzose mit seiner Frau, der, wie mir die Wirtin erzählte, sich nur gegen einen schriftlichen Vertrag von der seltsamsten Art hier hatte einmieten wollen. Die gute Frau konnte sich nicht genug über sein Mißtrauen verwundern und war besonders entrüstet über eine der in dem Vertrag festgesetzten Bedingungen, die besagt, es dürfe in dem Hause keine Flöhe geben. Welch eine Unverschämtheit und wie charakteristisch französisch!

Die Köchin ist eine Deutsche, ein urkomisches, einfältiges und primitives Geschöpf! Als wir schlechtes Wetter hatten, grämte sie sich darüber, daß dies bei ihr daheim, in Mecklenburg, der Ernte schaden könnte, jener Ernte, die der Vater gesät hatte; ihre Bestürzung war so groß, daß sie uns sogar davonlaufen wollte, ohne daß uns klargeworden wäre, auf welche Art ihre Anwesenheit daheim der Ernte hätte nützen können. Jetzt kommt sie mitunter auf mich zu und fragt: »Was glauben Sie, Mademoiselle, wird es morgen regnen?« Ich erwidere: »Vielleicht!« Doch dann fällt mir die mecklenburgische Ernte ein und ich füge rasch hinzu, daß, wenn es auch regnen sollte, dies bestimmt auf Spa beschränkt bleiben werde.

Spa, den 16. Juli 1864. (Brief.) Liebe Gräfin! Vor kurzem habe ich Ihren Brief erhalten und ihn mit besonderem Vergnügen gelesen. Sie sind so gut . . .

Spa, den 21. Juli 1864. Ich beschäftige mich jetzt viel mit den Angelegenheiten meiner Schwester. Es handelt sich um ihre weitere Ausbildung, und von dem Fortgang dieser Angelegenheit ist jetzt auch die Dauer meines Aufenthaltes in Paris abhängig. Ich freue mich beinahe über diese kleinen Sorgen und Unannehmlichkeiten, denn ich war schon nahe daran gewesen, zu meiner alten Überzeugung, daß es sich nicht lohne zu leben, zurückzukehren. So ist der Mensch! Bald gilt ihm das Leben nichts, bald wieder setzt er alle Kräfte an die Befriedigung einer augenblicklichen Laune.

Versailles, den 30. August 1864. Heute unterhielt ich mich mit Eugenie Tur über Swift. Sie behauptete, er sei schlecht und böse gewesen, während ich dies mit seiner Verbitterung erklären und entschuldigen wollte. Als sie meinte, er sei reich und geachtet gewesen, habe also keinen Grund zu Verbitterung gehabt, sagte ich: »Ebendies, daß er persönlich glücklich gewesen ist, läßt mir seine Verbitterung noch berechtigter erscheinen!«

»Was hat ihn also zum Menschenfeind gemacht? Schien ihm die Mitwelt ohne Wert zu sein? Woher hatte er diese niedrige Meinung von den Menschen? Ist dies nicht ein Beweis dafür, daß es ihm persönlich an höheren Bestrebungen fehlte? Er hat eben nicht die Einsicht in die wahre Bestimmung der Menschheit besessen, während ich einen gebildeten und intelligenten Mann kenne, der selbst in Sibirien unter der Knute den Glauben und die Liebe für die Menschheit nicht verloren hat. Das deutet auf eine große Seele.«

Ich dachte mir im stillen, das deute eher auf einen Hang zur Mystik, sie aber fuhr fort, Swift anzuklagen und warf ihm vor, er habe seine Gesinnung gewechselt, um die Würde eines Erzbischofs zu erlangen. Als ich hierauf meinte, er habe dies vielleicht getan, um größeren Einfluß zu erlangen, rief sie, ich spräche nur mehr um der Opposition willen, und dies veranlaßte mich, die Diskussion abzubrechen. Es ist ja möglich, daß Swift wirklich nur aus Ehrgeiz gehandelt hat, aber wir dürfen ihn nicht anklagen, ohne alle Umstände zu kennen. Ich verspüre große Achtung vor Menschen, die, trotz ihres materiellen Wohlstandes und persönlichen Glücks, leiden, und ich begreife dieses Leid.

Einmal griff sie in meiner Gegenwart ein junges Mädchen an, weil diese einen braven Menschen, den sie nicht liebte, nicht habe heiraten wollen, und sie meinte, die Betreffende wäre bestimmt mit dem jungen Manne glücklich geworden. Ich verteidigte das Mädchen und erklärte, ich achtete sie um so mehr, wenn sie ohne Rücksicht auf mißliche Familienverhältnisse doch kein Kompromiß habe eingehen wollen.

Dann begann sie, gegen Pomialowski loszuziehen, wegen jenes Satzes, den ich so liebe, und sie meinte, der Mensch sei zur Pflichterfüllung und nicht zum Genuß auf der Welt. Pflichten? Welche Pflichten hat der einzelne der Gesellschaft gegenüber, und was kann er für sie tun?

Paris, den 15. September 1864. Heute war mein Leib-Medikus bei mir und erzählte mir, er lese jetzt Turgenjeffs Erzählung »Am Vorabend« und sei von dem Glücke des Romanhelden Insaroff entzückt. »Gibt es denn wirklich solche Mädchen?« Ich äußerte mein Erstaunen darüber, bei ihm, einem Mediziner, solches Interesse und so große Aufmerksamkeit für künstlerische Werke wahrzunehmen; er jedoch behauptete, nicht die Chemie erziehe den Menschen, sondern nur die Kunst. »Ich habe bei der Lektüre dieses Buches Augenblicke erlebt, wie sie mir keine Chemie der Welt verschaffen könnte!«

Dann kam das Gespräch auf Stojanoff und Luginin, den er einen russischen Girondisten nannte. Er erzählte, wie Luginin das erste Mal, als er ihm begegnet, über einem Buche Proudhons gesessen und versucht habe, ihm auseinanderzusetzen, Patriotismus und Nationalität wären barer Unsinn. Ein Hauptkerl, dieser Luginin! Den Proudhon durchgelesen, und sein Urteil über die Welt ist fertig!

Seit meiner Ankunft bin ich bei Tisch immer sehr schweigsam. Auf der einen Seite sitzen die alten Damen neben mir, auf der anderen der Student mit seiner Geliebten; seit einiger Zeit jedoch hat zwischen mir und den Alten ein Herr Platz genommen, der so lange plauderte, bis er auch mich und den Studenten ins Gespräch gezogen hatte. Als der Herr hörte, ich beschäftigte mich mit Geschichtswerken, empfahl er mir ein Buch; der Student besaß es zufällig und machte sich erbötig, es mir zu geben.

Die Freundin des Studenten bemüht sich, wie es scheint, um meine Gunst, reicht mir die Schüsseln und erweist mir allerhand Gefälligkeiten, und auch ich bin liebenswürdig zu ihr. Die Engländerin kommt, mit der Begründung, sie sei nicht gewohnt, mit einer öffentlichen Dirne an einem Tisch zu sitzen, nicht mehr zum Mittagessen, doch ich halte diese Prüderie für übertrieben. Die Beziehungen zwischen dem Studenten und seiner Freundin sind rührend: sie tritt ihm einen Teil ihrer Portion ab und schenkt immer erst ihm den Wein ein; allerdings erfüllt sie zum Teil auch die Pflichten einer Bedienerin, kehrt sein Zimmer und räumt es auf.

21. September 1864. Die Wirtin raubt mir die Geduld: tausend Male bitte ich sie, mein Zimmer aufräumen zu lassen; sie aber verspricht es immer wieder, ohne das mindeste zu veranlassen. Der Dienerschaft gebe ich Geld, aber auch das hilft nichts.

Eben als ich neulich ausgehen mußte, nahm Marie meine

Schuhe fort, um sie zu putzen. Nach langem vergeblichem Suchen rief ich den Hausdiener zu Hilfe, der endlich nach dem Stubenmädchen schrie, sie möge die Schuhe von Mademoiselle Suslowa bringen. Von irgendwoher aus den Wolken kam die grobe Antwort, sie habe jetzt keine Zeit, und so mußte ich denn mit ungeputzten Schuhen ausgehen, was mich nicht wenig ärgerte.

Am nächsten Tage nahm sie wieder die Schuhe und erklärte lachend, sie wolle es nicht so machen wie gestern. Wer jedoch über diese Unverschämtheit errötete – war ich! Ein anderes Mal vergaß sie, mir das Frühstück zu bringen und kam am nächsten Tage von selbst darauf zu sprechen; diesmal aber gab ich mir keine Mühe, Entschuldigungen für sie zu finden.

Vor kurzem erzählte mir mein Leib-Medikus von einer Gouvernante, die ihn um ein Mittel gegen graue Haare ersucht hatte, worauf ich meinte, auch ich hätte graue Haare.

»Ach, Sie unglückliches Wesen!« rief er.

Das regte mich sehr auf. »Ich habe noch nie ein Unglück ...«, begann ich und war bemüht, meine Aufregung zu beherrschen, doch mit einem Male traten mir die Tränen in die Augen und mein Gesicht begann sich zu verzerren.

Er war sichtlich ergriffen und meinte beruhigend, jeder Mensch bekomme früher oder später graue Haare. Ich versuchte zu sprechen, doch war es mir nicht möglich, meine Selbstbeherrschung wiederzuerlangen.

»Ihnen kann noch geholfen werden«, sagte er, »in Ihrem Alter ist es noch Zeit!«

»Glauben Sie wirklich, daß ich mich über die grauen Haare kränke?« erwiderte ich mit traurigem Spott und vermied es, ihn anzusehen.

»Nein«, entgegnete er unsicher und gleichfalls ohne mir ins Gesicht zu blicken, »ich habe das nur gesagt, um etwas zu sagen!«

24. September 1864. Gestern war der Medikus hier, und wir studierten miteinander französisch. Ich war fröhlich gestimmt und betrug mich in gewissem Sinne nicht sehr ernst, da meine Nerven überreizt waren. Er machte die Bemerkung, ich sei wohl etwas zerstreut, worauf ich mich ärgerte und mir vornahm, mich das nächste Mal besser zu beherrschen.

Als er in unserem Garten einige junge Leute umherspazieren sah, erkundigte er sich, ob dies immer so sei, worauf ich entgegnete, im Garten sei nie jemand zu treffen, wenn ich dort spazieren ginge. So ist es auch in der Tat, und wenn mir bisweilen jemand begegnet, weicht man mir aus, denn es haben alle Furcht vor mir.

Auf dem Wege zu Frau Markéwitsch begegnete ich ihm heute. Ich fuhr eben am Spital vorüber, erblickte einige junge Leute, die gerade aus dem Tore traten, dachte unwillkürlich an ihn und sah ihn plötzlich! Er war zum Tor hinausgelaufen, barhäuptig, das Haar zerzaust und mit müdem, unschönem Gesicht. Obwohl ich verschleiert war, erkannte er mich sogleich und wandte sich verlegen nach einem Kameraden um, während ich mit keiner Augenwimper zuckte.

Dies beginnt mich nun wieder zu beschäftigen. Den ganzen Tag war ich aufgeregt und wütend gegen mich selbst eben wegen dieser Aufregung. Werde ich denn niemals vergessen können? Ich geriet in Verzweiflung, erkannte aber alsbald, daß mir nicht wohler wäre, wenn ich wirklich vergessen könnte. Ist mir denn in jenem Winter wohler gewesen, da ich ihn noch nicht kannte? Oder ist mir in »unseren Zeiten« besser zumute gewesen? Ich habe noch jene Nächte in Erinnerung, da ich plötzlich erwachte und mit wahnsinnigem Entsetzen dessen gedenken mußte, was am Tage vorgefallen war.

Ja damals, als ich von ihm die ersten Worte der Liebe hörte, als er mich zum ersten Male umarmte, warum war mir damals so wohl? Weil alles so neu und überraschend war! Und kann man denn wünschen, es hätte lieber nicht sein sollen? Dann wäre eine Leere gewesen oder eine andere vielleicht noch farblosere Verirrung. Oder wäre es gut gewesen, wenn er mich geheiratet hätte? Er ist doch nur ein prosaischer, verwöhnter Herr! Und was will ich jetzt von ihm? Soll er seine Sünden eingestehen und bereuen, mit einem Worte, ein Fjodor Michailowitsch werden? Was hätte ich davon? Jetzt erlebe ich doch wenigstens Augenblicke des Triumphes, da ich meiner Kraft bewußt bin.

Man spricht mir von Dostojewski. Ich hasse ihn geradezu. Er hat mir soviel Leid zugefügt in einer Situation, da ich gar nicht hätte leiden müssen.

Ich fühle es und sehe jetzt klar, daß ich niemals wieder werde lieben können, da mich jede Liebkosung immer wieder an meine damaligen Demütigungen und an all das erinnert, was ich erlitten habe. Das Neue kann mich beschäftigen, aber nur in beschränktem Maße.

Neulich, eines Nachmittags, ging ich in den Garten. Der Rumäne folgte mir zum ersten Male und äußerte seine Freude, mich zu sehen, worauf ich bemerkte, seine Sehnsucht könne nicht gar so groß gewesen sein, da er nicht nach Versailles gekommen sei. Er erklärte dies damit, daß er eine Prüfung gehabt habe. Wir unterhielten uns hierauf längere Zeit, und er drückte mir beim Abschied fest die Hand. Er ist einfach und naiv, und das ist mir neu.

Während wir uns unterhielten, gingen des öfteren andere junge Leute an uns vorbei und machten dann jedesmal eine Pause in ihrem Gespräch, während welcher die Damen mich mit Neugierde betrachteten. Am nächsten Tag betrat ich den Garten nicht.

29. September. Ich bin krank. Der Rumäne kommt pünktlich jeden zweiten Tag, der Haus-Medikus täglich. Es scheint mir, als wäre die wichtigste Ursache meiner Erkrankung in dem Zusammentreffen mit Salvador gelegen.

Als ich meinem Leib-Medikus sagte, eine Begegnung hätte mich in große Erregung versetzt, nahm er dies sehr ernst und wurde traurig. Auch ich war in niedergeschlagener Stimmung und erregt; schließlich verabschiedete er sich mehrmals von mir, drückte mir wiederholt und sehr fest die Hand und bot mir seine Dienste an. Beim Weggehen blickte er sich nochmals nach mir um.

Eines Tages, während ich mit dem Medikus französisch studierte, kam Madame Markéwitsch zu mir, blieb jedoch nur kurze Zeit und benahm sich dabei höchst sonderbar: Sie sprach sehr wenig, erklärte, sie werde von Freunden erwartet, und erzählte schließlich, ihr Sohn lerne Russisch, und es komme ihr wenig darauf an, ihn in alle Feinheiten der russischen Ausdrucksweise eindringen zu lassen. Solch einen Stumpfsinn hätte ich ihr doch nicht zugetraut, denn, obgleich die Volkstümlichkeit jetzt Mode ist, muß man den Duft einer Sprache doch verstehen lernen. Beim Weggehen erkundigte sie sich nach dem Wege; als sich jedoch der Leib-Medikus erbötig machte, sie zu begleiten, lehnte sie dies mit der seltsamen Begründung ab, sie habe sich schon in ihr fremderen Gegenden allein zurechtgefunden. Hierauf erklärte er, er habe hier nichts mehr zu tun und verließ mich mit ihr zusammen.

Heute haben wir viel miteinander geplaudert, obgleich er anfangs in trüber Stimmung gewesen war. Als ich mich nach seinen Bekannten erkundigte, teilte er mir mit, sie stammten aus Amerika, und erzählte mir sehr geistreich von den Hauptzügen ihres Charakters, wobei er meinte, sie gefielen französischen Damen besonders gut. Als ich mich nach ihrem Äußern erkundigte, schilderte er sie mir als jung, gut gekleidet, mit großen Augen und weißen Zähnen. Als er sich erkundigte, ob ich Lust hätte, ihre Bekanntschaft zu machen, lehnte ich dies ab und, um irgend etwas zu sagen, bat ich ihn, er möge sich bei ihnen erkundigen, was es in Spanien für Bücher und Romane gäbe.

Wir gerieten nach und nach in eine sehr heitere Stimmung, und als ich hierüber eine Bemerkung machte, meinte er, er sei sehr mißmutig und ärgerlich zu mir gekommen. Ich fragte ihn nach der Ursache dieser Verstimmung, worauf er meinte, er sei mit seinen Pflichten in Kollision geraten, und fügte hinzu, daß die Pflicht bisweilen nur aus Feigheit oder darum erfüllt werde, weil wir uns nicht für berechtigt hielten, die Empfindungen unserer Mitmenschen zu verletzen.

Mit dem Rumänen unterhielt ich mich über Proudhon und Herzen, von dem ich eben ein Buch las, und dann erzählte er mir von seinem Heimatland, wo man gleichfalls die Franzosen nachahmt und ihre Sprache spricht, geradeso wie in unserer Gesellschaft.

1. Oktober 1864. Gestern war Madame Guillette bei mir. Sie war in trauriger Gemütsverfassung und gab das auch zu, als ich eine dahin gerichtete Bemerkung machte. Während ihrer Anwesenheit kam der Rumäne, blieb ganz kurze Zeit und empfahl sich dann in kühlerer Art, als er es sonst zu tun pflegte, obgleich ich sehr liebenswürdig gewesen war und ihn aufgefordert hatte, öfters zu kommen. Ich hatte den Eindruck, als sei der Rumäne die Ursache von Guillettes Depression. Er erkundigte sich nach meinem Arzt, ich erzählte von dem großen Wissen dieses Mannes, und er meinte hierauf, es sei kein Wunder, wenn Menschen, die viel lesen, auch über ein großes Wissen verfügen.

Dann kam die Engländerin, eine Klatschbase mit allen Fehlern ihrer Nation und den allgemein menschlichen noch obendrein, während ihr die guten Eigenschaften der Briten fehlen. Neulich erzählte sie mir mit dem Ausdruck größten Entsetzens, Mademoiselle Stuart habe einen Geliebten, eine Sache, die, wie mir scheint, lediglich Mademoiselle Stuarts eigene Angelegenheit und nicht die unsrige ist. Wäre diese Dame meine Schwester gewesen, dann hätte ich vielleicht die Pflicht gehabt, sie zur Rede zu stellen, doch sie ist kein Kind mehr, weiß gewiß, was sie tut, und so haben wir kein Recht, uns um ihren Lebenswandel zu kümmern. Die Engländerin will in eine andere Pension ziehen, wo nur Greise und Greisinnen wohnen und ihre Moral nicht gefährdet ist; sie zögert nur mit der Übersiedlung, weil jenes Haus sehr eng und schmutzig ist und sie in der Wahl zwischen Sittlichkeit und Bequemlichkeit noch keine endgültige Entscheidung hat treffen können.

Der Mann dieser Dame hat keine andere Beschäftigung, als den ganzen Tag in Paris umherzulaufen und etwa fünfmal im Tage einige Flaschen Wein ins Haus zu bringen. Auf allen meinen Wegen treffe oder überhole ich ihn; er läuft in der Mitte der Straße, zusammengeschrumpft und eingehökert, läuft als ob er von einer fremden Kraft getrieben würde. Manchmal eilt er nach rechts oder links, steckt die Nase in irgendeinen Laden, springt zurück und rennt weiter. Manchmal geht er mit seiner Frau spazieren, dann aber schlägt er nicht seinen gewohnten Eilschritt an, sondern schleppt sich am Arm seiner Gattin langsam weiter. Wie ich vermute, ist sein Anteil an dem allgemeinen Weiberklatsch nicht eben gering.

6. Oktober 1864. Auf dem Wege in die Vorlesung begegnete ich heute jenem Polen, der, Gott weiß warum, zweimal bei mir vorgesprochen hatte. Das erstemal hatte er nach irgendeiner Dame gefragt, und ich war genötigt gewesen, ihm, sehr erzürnt, durch die Türe zu antworten; das zweitemal war er gekommen, um mich zu fragen, ob ich nicht aus Versehen einen an ihn gerichteten Brief geöffnet hätte. Ich hatte ihn hierauf in mein Zimmer gebeten und war, als er zu Ende gesprochen hatte, aufgestanden und hatte ihn gefragt, ob das alles wäre, was er mir zu sagen hätte; da war er verlegen geworden, hatte sich verbeugt und war gegangen. Heute nun hörte ich auf der Ecole de Médecine hinter mir eine Stimme: »Guten Morgen!« Als ich mich nicht umwandte und weiterging, wiederholte sich der Gruß, endlich tauchte der Pole neben mir auf und erklärte, ich hätte im Vorbeigehen gelächelt und mich wahrscheinlich auf seine Kosten unterhalten. Als ich erwiderte, ich hätte ihn überhaupt nicht bemerkt, rief er: »Ich habe Sie wohl bemerkt, weil Sie mich interessieren!« Auf diese alberne Rede gab ich überhaupt keine Antwort, worauf er mich fragte, ob ich ihm böse sei, daß er zweimal bei mir vorgesprochen hätte. Als ich erklärte, dies sei nicht der Fall, erging er sich in bewundernden Äußerungen, wie geschickt ich ihn damals hinauskomplimentiert hätte; hierauf redete er noch allerlei leeres Geschwätz, bis ich das Haus von Madame W. erreicht hatte, mich verabschiedete und auf den anderen Gehsteig hinüberging. Er lief mir nach, rief, ich wollte ihn neuerdings loswerden, konnte mich jedoch nicht daran hindern, in dem Haustore zu verschwinden.

Gestern traf ich vor dem Mittagessen den Rumänen im Garten, und wir kamen in ein Gespräch. Ich erzählte ihm, ich hätte eben Tee gekauft, der mir alles, Vergnügen und Freunde, ersetze. Er meinte, das könne wohl nur ein unzulänglicher Ersatz sein, und ich mußte ihm schließlich recht geben; dann fragte er mich, welche Nation mir die liebste sei, und meinte, die Russen sollten ihre Sympathien besonders ihren Nachbarn, den Rumänen zuwenden. Ich erwiderte, mir sei die rumänische Nation so gut wie unbekannt, es habe sich auch noch wenig Charakteristisches an ihr erkennen lassen.

Dienstag, den 9. Oktober 1864. Gestern traf ich auf dem Wege in die Vorlesung in der Rue Médecine den Plantador; er ging mit demselben Kollegen, mit dem er damals vor dem Spital gesprochen hatte. Lächelnd kam er seines Weges und hielt dabei den Kopf so tief gesenkt, daß ich ihn fast nicht erkannt hätte. Wahrscheinlich hat er mich schon von weitem bemerkt.

Vor einigen Tagen schrieb ich meinem Leib-Medicus, der mich nicht zu Hause getroffen hatte, einige Zeilen in einem sehr vertraulichen Ton und erhielt von ihm zur Antwort ein bis zur Grobheit kühles Schreiben, worin er mir die Mitteilung machte, er habe nicht genügend Zeit, so oft zu mir zu kommen, und er mache mir den Vorschlag, daß er von jetzt ab nur einmal in der Woche bei mir vorsprechen werde; er überlasse mir die Bestimmung des Tages und der Stunde, vorausgesetzt, daß es nicht des Abends sei, da er die Abende seiner Erholung widmete. Gleichzeitig gab er mir den Tag seines nächsten Besuches und den Preis der Lektionen bekannt.

An dem festgesetzten Tage erschien er pünktlich und begann, mich über meinen Gesundheitszustand zu befragen. Ich erteilte ihm Auskunft und wollte zu unseren gemeinsamen Studien übergehen, doch erklärte er mit einem Male, er könne jetzt nicht arbeiten, und machte Miene, wieder wegzugehen. Da ich noch immer den Grund seines veränderten Betragens nicht erkannte, fragte ich ihn, ob er mir etwa zürne, worauf er erstaunte Augen machte und sich erkundigte, wie ich denn auf diesen Gedanken komme. »Offenbar ist der Kampf gegen die Pflicht beendet und die Tugend hat gesiegt!« so dachte ich und da mir sein verletzender Ton unangenehm war, konnte ich meine Traurigkeit nicht verbergen und forderte ihn mit wehmütigem Lächeln auf zu gehen. Als er an dem nächsten verabredeten Tage wieder erschien, begann er sich neuerdings mit wichtiger Miene nach meinem Wohlergehen zu erkundigen, brach dann dieses Gespräch nachlässig ab und machte mir den Antrag, wir sollten an die Arbeit gehen.

Er setzte sich und ließ mich auf die Uhr sehen; ich betrachtete ihn mit Verwunderung und Neugierde, fühlte jedoch plötzlich, daß ich von einem Narren gekränkt und verletzt worden sei, und konnte meine Empörung kaum zurückhalten. Einige Gedanken jenes Buches, das wir eben lasen, steigerten noch obendrein meine Erregung, so daß ich schließlich aus dem Zimmer gehen mußte, um mich zu sammeln. Als er fortgegangen war, brach ich in Tränen aus. Dieser Vorfall hat mich auf ernste Gedanken gebracht. Ich werde natürlich mit aller Entschlossenheit handeln und mich mit Ehren aus der Affäre ziehen; doch erkenne ich wieder, wie viele Kräfte man sinnlos vergeudet, um derartige kleine Angriffe zu parieren!

Gestern hatte Madame Robeskur einen Nervenanfall, der das ganze Haus alarmierte. Ich wäre gern zu ihr gegangen, doch wußte ich nicht, ob ich ihr angenehm gewesen wäre. Ihr Gatte erschien sehr spät zum Frühstück, und als sich alles nach dem Befinden seiner Frau erkundigte, erklärte er gelassen, es gehe ihr besser. Auch ich war nahe daran, ihn zu fragen, unterließ es jedoch, da mir die Frage peinlich gewesen wäre.

Freitag, den 20. Oktober 1864. Gestern erschien plötzlich der junge Saliás bei mir mit einem Zettel seiner Mutter, auf welchem sie mir mitteilte, sie wolle mich heute besuchen. Ich bat ihn Platz zu nehmen, und wir begannen ein Gespräch. Er gefiel mir gar nicht und obwohl ich nicht erwartet hatte, daß er mir sympathisch sein werde, habe ich ihn mir doch netter vorgestellt. Er macht einen durchaus apathischen Eindruck! Es ist ja wahr, auch der Georgier ist nicht gesprächig, aber das ist doch etwas anderes, denn dieser gibt sich Mühe, seine Umgebung für sich einzunehmen; nicht daß er anders erscheinen wollte, als er in Wirklichkeit ist, aber er will kundtun, daß auch er dieses und jenes versteht, obgleich er sich durchaus einfach gibt.

Utin gefällt mir tausendmal besser als der junge Saliás, doch der beste von ihnen allen ist der Georgier. Am Abend kamen beide mit Eugenie Tur und deren Sohn. Sie sprach wie gewöhnlich mehr als alle anderen, und ich fühlte aus ihrem Blick die Frage: »Welchen Eindruck macht mein Sohn?«

Heute ging ich zu ihrer Cousine, um G. zu sehen, und traf dort die ganze Gesellschaft von gestern mit Ausnahme des Georgiers. Man redete dummes Zeug, doch haben sich alle mittlerweile untereinander angefreundet und können mir somit dankbar sein, die ich diese Bekanntschaft vermittelt habe. Mit W. wechselte ich einige Worte, und als er mich mit Utin nach Hause begleitete, begann er von Spanien zu sprechen. »Alles gehört dort schon der Vergangenheit an«, sagte er, worauf Utin erwiderte: »Man könnte aus dieser Vergangenheit eine neue Gegenwart machen!«

»Nein, das ist nicht mehr dasselbe, es ist, wie wenn man zum zweiten Male heiratete. Man kann nur einmal lieben!«

»Das wäre sehr traurig!« erwiderte Utin. »Sie sprechen so, weil Sie noch jung sind!«

Ich führte als Beispiel die Floriani an, die viel geliebt hatte und der es doch jedesmal erschienen sei, als empfände sie dieses Gefühl zum ersten und zum letzten Male.

Als ich Utin zum Abschied die Hand reichte, drückte er sie fest und gab sie nicht frei. Ich sah ihn verwundert an und lud ihn dann zu mir, indem ich ihm sagte, ich verbrächte die Abende meist zu Hause. Dann wandte ich mich W. zu und äußerte die Hoffnung, auch ihn oft zu sehen. Im Hofe holte uns der Rumäne ein, der mir traurig zu sein schien.

Eben blickte ich zum Fenster hinaus und sah, wie Julie mit einem der Rumänen, dem Häßlichsten von allen, im Garten promenierte. Sie kehrte mir zwar den Rücken, doch schien es mir, als weinte sie, und dies veranlaßte mich, aufmerksam hinzublikken. Mit einem Male schrie sie auf und fiel zu Boden, das Gesicht nach oben gewandt. Der Rumäne sah sie ruhig an, schritt dann ruhig über ihre Füße hinweg und rief die Wirtin, die in den Garten kam, einen mürrischen Ausruf hören ließ und die Dienstboten alarmierte. Der Hausdiener und das Stubenmädchen trugen die bewußtlose Julie in den Salon und ließen sie dort, wie ich glaube, allein, denn ich hörte bald darauf, wie die Wirtin mit dem Rumänen fröhlich plauderte. Ganz unbekümmert um das eben Vorgefallene, sprachen sie von dem bevorstehenden Mittagessen, während die Kranke einsam und allein oben lag.

Am selben Abend. Seit dem Tag, da Robeskur mir seine Absicht mitgeteilt hatte zu verreisen, wollte ich ihn um sein Bild bitten, fand jedoch bis heute keine Gelegenheit dazu. Nun ist er gekommen, um sich zu verabschieden, und so habe ich meine Bitte vorbringen können. Er sagte, er habe kein Bild bei sich, werde mir jedoch ein solches schicken und bat mich seinerseits um eine Photographie von mir, die ich ihm sogleich überreichte. Als ich ihm sein Buch zurückgeben wollte, ersuchte er mich, es als Andenken zu behalten. In diesem Augenblick trat die Engländerin ein, wollte sich wieder zurückziehen, als sie sah, daß ich Besuch hatte, setzte sich aber auf meine Aufforderung sogleich nieder. Wir plauderten eine Zeitlang, und ich erzählte von Utin, bis die Engländerin wieder fortgegangen war. Dann sagte Robeskur, er habe die Absicht, im April zurückzukommen und wolle mich dann aufsuchen. Hierauf bat er mich, ich möge ihm hie und da schreiben und, für den Fall, daß ich nach Nancy kommen sollte, mit ihm zusammentreffen. Er ließ mir seine Adresse zurück, drückte dann zum Abschied meine Hand und küßte sie. Ich begann etwas zu sprechen, doch meine Stimme zitterte, hierauf küßte er meine beiden Hände, ich blickte ihn an, mein Arm umschlang seinen Hals und unsere Lippen begegneten sich . . . Dann begann ein verworrenes Gespräch, von Küssen unterbrochen; er zitterte am ganzen Leibe und sein lächelndes Gesicht strahlte. Auch ich fühlte mich glücklich, doch suchte ich mich bald seinen Umarmungen zu entziehen und bat ihn, mich freizulassen. Bald stieß ich ihn von mir, bald streckte ich wie berauscht meine Arme nach ihm aus. Er fragte mich, ob ich wünschte, daß er seine Reise nach Nancy aufgebe und wann er wieder zu mir kommen dürfe. Ich bat ihn, mich morgen abends aufzusuchen, und immer wieder nahmen wir voneinander Abschied, bis ich ihm endlich, nachdem er noch mehrmals Küsse erbeten hatte, seinen Hut reichte und die Tür öffnete.

Nachdem er gegangen war, machte ich mich ein wenig zurecht und ging mit glühenden Wangen zu der Engländerin. Als ich dann in mein Zimmer zurückkehrte, hörte ich auf der Stiege die Stimme von Madame Robeskur. Ich trat zum Fenster und sah sie mit ihm auf dem Hofe auf und ab gehen, während ein Träger mit dem Gepäck wartete.

In meinem Kopfe ist alles wirr, ich weiß nicht, was aus dieser neuen Wendung noch hervorgehen wird. Ich glaube, daß er mich liebt; vor zwei Stunden noch war ich dessen sicher, bis jetzt, da ich die Stimme von Madame Robeskur vernommen habe. Sein Gesicht war so aufrichtig glücklich – und dieses Beben und Zittern seiner Stimme!

23. Oktober 1864. Der Rumäne ist abgereist und ich habe keine Briefe von ihm erhalten. Gestern war der »Leib-Medikus« bei mir; ich sagte ihm, sein schöner Spanier sei ein . . ., worauf er erwiderte, dies sei wohl eine zu kategorische Aussage. »Das mag sein«, entgegnete ich, »aber viel wert ist er auf keinen Fall! Sie sagten, er sei hübsch, doch davon kann nicht die Rede sein!«

»Aber seine Brauen, die sind allein eine Menge wert!« Kurze Zeit darauf erzählte ich ihm, ich hätte drei Personen miteinander bekannt gemacht und ihnen allen dadurch eine Wohltat erwiesen.

»Damit wollen Sie sagen«, meinte er darauf, »Sie hätten zur Verbreitung der Zivilisation beigetragen!«

Mit Entrüstung berichtete mir heute die Engländerin, Madame Corbinieau versehe auch noch ihre »Arme-Leute-Hauben« mit Spitzen, woraus sie den Schluß zog, es sei in Paris geradezu unmöglich, die Gesellschaftsklasse einer Person aus deren Anzug zu erkennen.

2. November 1864. Als heute Ussoff und Utin bei mir waren, entspann sich eine Debatte über die Engländer, in der jener sie engstirnig nannte, dieser jedoch sich ihrer annahm. Utin behauptete, die politische Bedeutung des britischen Reiches sei gesunken, denn es erleide in der dänischen und auch in der polnischen Frage Niederlagen. Ussoff wiederum meinte, dies habe wenig zu besagen, denn die äußere Politik sei an sich auf ein tieferes Niveau herabgesunken, da man heute nach dem Grundsatze vorgehe: *Laisser faire, laisser aller.* Heute führe ja selbst Napoleon seine Armeen aus Rom hinaus.

»Das nenne ich einen schönen Grundsatz, sich in fremde Angelegenheiten nicht einzumischen! Heute räumt Napoleon Rom, doch gestern hat er Mexiko erobert und wird morgen irgendwo anders einen Krieg beginnen!«

»Das mag wahr sein, aber dennoch bedeutet das Prinzip der Nichteinmengung in fremde Angelegenheiten eine neue Richtung des Geistes. Kaum irgendwo anders aber ist die Freiheit dermaßen eingebürgert wie in England!«

»Gewiß, das ganze Land ist im Besitz der Industriellen!«

»Auch den Arbeitern geht es gut, und sie leben besser als unsere Beamten!«

»Warum liest man dann bei Taine auf jeder Seite von der sozialen Not, und wieso gibt es in England Hungernde?«

»Eine Kleinigkeit stimmt eben noch nicht: nicht jeder kann Arbeiter sein!«

»Nun, da haben wir's! Die Regierung steht auf der Seite des Bürgertums und so ist denn der Kampf zu ungleich! Das führt zur Revolution!«

»Diese Möglichkeit will ich nicht leugnen. Aber ich bin kein

Verehrer der Revolution, und mir scheint, als hätte man schon lange den Gedanken aufgeben sollen, daß nur durch einen Umsturz neue Entwicklungen angebahnt werden. In einem Land wie Rußland freilich, wo man unter sechzig Millionen Analphabeten einem Gebildeten sogleich nach der Kehle greift, ist jedes Mittel gut; dort aber, wo auch noch so geringe Anlagen vorhanden sind, ist eine Revolution ein unverzeihlicher Fehler!«

»Eine Revolution tut uns not! Ich werde sie nicht mit Freuden begrüßen, doch ich betrachte sie als eine traurige Notwendigkeit!«

16. November 1864. In der letzten Zeit bin ich jeden Abend bei der Gräfin gewesen und habe dort auch Bakunin getroffen, der mir gut gefiel.

»Ohne Glauben kann man nichts zuwege bringen«, sagte er einmal, »aber der Glaube tötet zuweilen. Was man dem Himmel zuspricht, das nimmt man der Erde!«

Vor einigen Tagen hat mich ein gewisser »Leib-Medikus« um Geld gebeten; es war ihm anscheinend sehr peinlich, ich jedoch erfüllte ihm seine Bitte sogleich in besonders liebenswürdiger Form, so daß er bald wieder froh wurde. Wir plauderten sehr lange miteinander und beim Weggehen sagte er: »Talleyrand hat behauptet, Worte seien dazu da, um die Gedanken zu verheimlichen, Heine wieder ist der Meinung, Worte dienten zum Komplimente machen – wer von beiden hat wohl recht?«

Bald nach diesem Satz, den ich zunächst nicht verstand, empfahl er sich und ging. Gestern gefiel er mir sehr gut: Er ist einfach und liebenswürdig und, wenngleich man ihn wohl schwerlich bis zum Wahnsinn anbeten kann, mag es wohl möglich sein, sich leidenschaftlich zu ihm hingezogen zu fühlen. Nachdem wir gestern unseren Unterricht beendet hatten, wollte er sich an den Kamin setzen und bat auch mich, ich möge näher zu dem Feuer rücken. Als ich dies ablehnte, da ich Kopfschmerzen hatte, meinte er, dann wolle auch er bleiben wo er sei. Nach einer Weile jedoch erneuerte er sein Ersuchen, worauf ich ihn aufforderte, sich ohne mich an den Kamin zu setzen, und meinte, dies sei nichts weiter als eine Laune von ihm.

»Ja, es ist eben eine Laune, aber bisweilen ist auch eine Laune ein sehr gutes Ding!«

Wo nahm ich nur den Mut her? Ich ging zu dem Kamin, er aber stellte meinen Sessel ziemlich weit von dem seinen. Dann erblickte er ein Stück Brot und bat mich um Erlaubnis, etwas davon zu essen. Ich bot ihm Brot und Tee an und aß auch selbst, er aber meinte, er wolle mir keine Arbeit machen, da er nur mit mir zu plaudern wünsche und überdies bald zu einem Vortrag gehen müsse. Als ich hierauf meinte, er könne doch wohl auf den Besuch des Vortrages verzichten, freute er sich zuerst sehr, sagte aber dann traurig, er müsse hingehen. Ich bestand nicht darauf, ihn zurückzuhalten, und als er Abschied nahm, dankte er mir in einfacher und naiver Weise.

Als wir von einem schönen Griechen sprachen, erzählte ich ihm, ich hätte in meiner ersten Jugend der Schönheit des Mannes keine Beachtung geschenkt und meine erste Liebe sei ein Mann von vierzig Jahren gewesen.

»Damals waren Sie wohl zehn Jahre alt?«

»Nein, dreiundzwanzig!«

19. November 1864. Heute war Wadim hier und wir sprachen über die Liebe. »Welch ein zartsinniges Gespräch«, sagte ich, »das überdies höchst anständig ist!«

»Worüber soll man denn mit einer Frau sprechen, wenn nicht über Liebe, Blumen oder Verse?«

»Blumen und Verse – das sind Dummheiten, Liebe aber ist eine ernste Sache, denn sie existiert seit Erschaffung der Welt, und wer sie nicht empfunden hat, der ist des Namens eines Menschen unwürdig!«

»Blumen und Verse gibt es auch schon lange, und auch der ist kein Mensch, der den Zauber dieser Dinge nicht genießt!«

Mittwoch, den 30. November 1864. Donnerstag war ich mit Carrive in einem Gala-Konzert, und als wir dann zu Fuß nach Hause gingen, sprachen wir viel über seine Heimat, ohne daß ich etwas Rechtes von ihm hätte erfahren können. Er meinte, er werde wohl dem Beispiel seines Vaters folgen, die Erde bearbeiten und eine Familie begründen, vielleicht aber eine Stelle in der Stadt erhalten.

Vor kurzem ist mir eine unangenehme Affäre widerfahren. Der russische Arzt, der unlängst angekommen war, benahm sich mir gegenüber in einer Weise, daß ich mich gezwungen sah, ihm das Haus zu verbieten. Ich erzählte C. davon und fügte hinzu, ich hielte den Mann für geisteskrank; C. freute sich darüber, daß ich ihm von der Sache Mitteilung gemacht und meinte, er wisse nun, wie er sich jenem Herrn gegenüber zu verhalten habe, den er öfters im Spital treffe. Ich erwiderte hierauf, daß ich ihn um keinerlei Maßregeln ersuchte und er beeilte sich mir zu versichern, er denke nicht daran, den betreffenden Herrn zum Zweikampf zu fordern, wolle aber auf jeden Fall wissen, woran er mit ihm sei. Dann machte er mir den Vorschlag, ich möge mit ihm nach St.-Germain fahren, worauf ich mit Vergnügen einging.

Als ich gestern in der Stunde war, kamen Wadim und Utin, traten geräuschvoll ein, wurden jedoch etwas verlegen, als sie bemerkten, daß sie mich störten. Dennoch baten Sie um die Erlaubnis, einige Minuten bleiben zu dürfen, und wir plauderten ein wenig. Als ich Wadim bat, er möge seiner Mutter mitteilen, ich sei an diesem Abend verhindert, mit ihr nach Martille zu fahren, blickte mich Utin mit einem Lächeln an, das mir Lust machte, sogleich zu der Gräfin zu fahren und ihm auf diese Art zu zeigen, wie wenig mir daran liege, zu Hause zu bleiben; dennoch aber unterließ ich dies.

Beim Abschied sagte ich zu Wadim: »Bleiben Sie noch ein wenig hier, wir könnten noch vergnügt plaudern!«

Er erwiderte, er habe viele Arbeiten, und ich weiß, daß dies wirklich der Fall ist.

»Ich wäre sehr gerne bei Ihnen geblieben«, sagte er beim

Weggehen, »doch ich muß in die Vorlesung und nachher ins Spital! Hoffentlich haben Sie ein wenig Mitleid mit mir!«

»Sie werden sich schon selbst genügend bemitleiden!« erwiderte ich lachend.

»Glauben Sie nicht, ich wäre zu stolz, um Ihr Mitgefühl zu wünschen!«

»Ich muß mich selbst bedauern, denn ich habe niemanden andern, der es für mich täte!«

Als ich dies gesagt hatte, hielt er plötzlich inne, kam raschen Schrittes auf mich zu und drückte mir die Hand. Er sagte, er werde sich bemühen, mich noch vor Sonnabend wieder aufzusuchen und ging, indem er tadelnd feststellte, daß die jungen Leute die Türe hinter sich nicht geschlossen hatten.

Heute war die Gräfin bei mir. Als ich ihr die Novelle ihres Sohnes zurückgab, sagte ich, an Stelle des Zensors hätte ich sie verboten. Ich glaube, diese Wendung ist geschickt und gewissenhaft gewesen.

Samstag, den . . . Dezember 1864. Ich bin krank gewesen und gerade in diesem Augenblick ereignete sich ein Mißverständnis mit dem Gelde, das es nötig machte, zu dem Bankier zu gehen. Ich ließ die Gräfin bitten, sie möge zu mir kommen, da ich mich mit ihr beraten wollte, sie erschien auch sogleich, verhielt sich jedoch kühl und riet mir, die Sache B. zu übergeben. Als ich meinte, dieser sei beschäftigt und stünde nicht in einem überaus freundlichen Verhältnis zu mir, zweifelte sie daran, ob er wirklich so viel zu tun habe, und riet mir endlich, ich möge mich an Utin wenden. Ich erwiderte nichts hierauf, bemerkte aber gelegentlich, ich wolle die Wirtin um den Gefallen bitten. Hierauf riet sie mir, mich an Alchosoff zu wenden, und dieser Rat schien mir am ehesten annehmbar zu sein.

Am andern Tag schrieb ich an Utin, teilte ihm mit, ich sei krank, und bat ihn, so rasch als möglich zu kommen. Man überbrachte mir seine Antwort, daß er sogleich erscheinen werde, doch dauerte es vier Stunden, bis er kam, und zwar in Gesellschaft von Saliás. Er war bereits bei ihnen gewesen und wußte, worum es sich handelte. Sowohl meine Lektüre als auch dieses Betragen hatten mich erregt, und so war ich denn grob mit ihm und besonders mit Saliás. Als er sagte, man müsse öfters nach mir sehen, fragte ich: »Wozu?«

Als Utin am nächsten Tage wieder kam, meinte ich, ich sei wohl am Tag vorher gegen Saliás sehr unhöflich gewesen, was er mir bestätigte. Er teilte mir mit, er habe sich hierüber selbst gewundert und Saliás habe sich schon das vorletzte Mal durch irgend etwas verletzt gefühlt. Ich erzählte Utin, ich hätte Carrive gesehen und er habe mich um Erlaubnis gebeten, mir seine Kameraden vorstellen zu dürfen.

Er fragte mich näheres über diese Herren, und als ich einmal seufzte, erkundigte er sich sogleich, ob ich mich etwa langweilte. Zum Abschied meinte er, ich brauchte mich vor ihm nicht in acht zu nehmen, und sagte, er werde meine Worte stets richtig zu deuten wissen.

Als ich mich krank fühlte, schrieb ich an Benni, der sogleich am nächsten Tag kam, während ich noch zu Bett lag. Er war sehr besorgt, drückte mir beim Abschied meine Hand sehr fest und kam von da an täglich. Am nächsten Tage saß er lange Zeit bequem ausgestreckt in der entgegengesetzten Ecke, sprach sehr lieb, war jedoch vollständig ruhig. Er redete davon, daß die Menschen in der Freundschaft, ja sogar bei einer bloßen Bekanntschaft, die Freiheit des anderen Teiles nicht achteten und daß dies verwerflich sei. Er meinte, es kümmere den Freund auch nicht, wenn man es für nötig halte, morgen Geld zu stehlen, da jedermann nur für sich selbst verantwortlich sei.

Heute nahm ich bei ihm Unterricht. Da es mir neben dem Ofen zu heiß wurde, schob ich meinen Stuhl fort, worauf er sich beklagte, ich hätte mich zu weit von ihm weggesetzt. »Nun dann kommen Sie näher!« erwiderte ich, er aber blieb sitzen. Als ich äußerte, ich müßte Geld wechseln, machte er sich sogleich erbötig, dies für mich zu besorgen, und ich nahm dieses Anerbieten an, um ihn nochmals sehen zu können. Als er wiederkam, fand er Carrive bei mir, schien bei dessen Anblick verstimmt und ging bald darauf; er erklärte, er werde erst Dienstag wiederkommen, denn ich sei schon fast gesund und brauche seine ärztliche Hilfe nicht mehr. Stolzer Junge!

Montag. Ich denke jetzt viel an meine Rückkehr nach Rußland. Wohin werde ich mich wenden? Zu wem soll ich fahren? Zu meinem Bruder – zu meinem Vater? Ich werde dort niemals so frei sein können, wie ich es mir wünsche, und kann den Sinn einer Abhängigkeit nicht einsehen. Was habe ich mit diesen Leuten gemeinsam? Soll ich etwa Ideen ins Volk tragen? Das ist Unsinn! Übrigens wird mir niemand seine Kinder anvertrauen! Es will mir scheinen, als sei es jetzt um Rußland gar nicht so schlimm bestellt wie man behauptet. Worauf kommt es denn eigentlich an? Es soll dem Volk gutgehen, das heißt, das Volk soll genug zu essen haben. Daß die Universitäten geschlossen sind, ist nicht von solcher Wichtigkeit. Mein Leib-Medikus sagte einmal, er habe kein Vaterland; was aber bedeutet es denn, wenn man wirklich ein Vaterland hat?

14. Dezember 1864. Sonntag war Alchosoff hier und erzählte mir von den Verfolgungen, denen er in seiner Heimat ausgesetzt gewesen sei. Er ist in Verzweiflung über die Unmöglichkeit, etwas zu tun, und will in die Türkei fahren, da man dort mehr Freiheit habe. In diese Lage kann man als Mensch von heute geraten – die Freiheit in der Türkei suchen zu müssen! Der Gedanke gefiel mir.

»Auf jeden Fall ist man dort nicht genötigt, Frack und Handschuhe anzuziehen!« meinte er und sprach dann davon, daß er die Absicht gehabt habe, seinen kleinen Bruder hierher bringen und hier erziehen zu lassen. Er hat diese Absicht jedoch aufgegeben, nachdem er die hiesigen Sitten genauer kennengelernt hat. »Ich könnte ihn ja wohl beaufsichtigen«, so meinte er, »aber was immer ich für ihn tun könnte, das alles würde ihm nicht die Mutter, die Brüder und die Natur ersetzen, kurzum alle jene Eindrücke, die den Charakter des Menschen formen. Das aber ist die Hauptsache: Lernen kann man auch später, nicht aber seinen Charakter bilden.« Wir sprachen uns vertrauensvoll und herzlich aus. Sonnabend hatte ich dem »Leib-Medikus« von meiner Absicht nach M. zu fahren Mitteilung gemacht, wobei ich bemerkte, daß er anfing nervös zu werden. Als er im Begriff war wegzugehen, bat ich ihn geradeheraus, mir die Adresse von K. zu verschaffen, was er auch versprach.

Heute kam er wieder zu mir, und zwar außerhalb der verabredeten Zeit, vermied es, den bewußten Namen zu erwähnen, und sagte auch nicht, weswegen er gekommen war.

Während ich den Schrank öffnete, um Kohlen herauszunehmen, fragte ich ihn ganz obenhin nach der Adresse und bat ihn hierauf, ein wenig bei mir zu bleiben. Er aber verweilte nicht lange und schien sehr traurig zu sein.

Ich spüre, daß ich kleinlich werde und in einen unreinen Schlamm versinke, daß mir jener Enthusiasmus, jene erlösende Empörung mehr und mehr abhanden kommt, die mich früher immer wieder emporgerissen hatte. Ich habe viel über all das nachgedacht und mir hierdurch Erleichterung verschafft. Ich bin voll von Vorurteilen! Hätte ich nicht früher einmal geliebt und wäre der Leib-Medikus nicht mein Arzt gewesen, dann könnten unsere Beziehungen anders sein. Wo ist meine Kühnheit hingeraten? Wenn ich mich erinnere, wie anders ich vor zwei Jahren gewesen bin, dann fange ich an, Dostojewski zu hassen, denn er war der erste, der meinen Glauben getötet hat. Aber ich will diese Traurigkeit abschütteln!

21. Dezember 1864. Der »Leib-Medikus« ist wieder hier gewesen und meinte, da wir von der Liebe sprachen, es gebe im Leben der Individuen, ebenso wie in dem der Staaten, Kräfte und Gegenkräfte; in der einen Periode sei der Mensch von Liebe erfüllt, in der andern aber schlage all dies in das Gegenteil um.

21. Januar 1865. Gestern speiste ich im Hotel Fl. und hörte dort ein Gespräch mit an, das sich um eine Frau drehte; es hieß von ihr, sie habe sich erhängt. Man schilderte alle Einzelheiten, wie fest die Schlinge geknüpft gewesen sei. Als sich nun die Frage erhob, wer den Knoten so fest geschlungen hätte, da meinte Madame Bernard in aller Gemütsruhe: »Wahrscheinlich ihr Mann!«

Heute folterte mich die »Medizin«. Ich fragte den Leib-Medikus um Rat, wohin ich fahren solle und ob es nicht ratsam sei, nach Spanien zu gehen, etwa nach Valencia? »Fahren Sie nach Valencia«, sagte er, »ich komme nach! Es genügt, wenn Sie mir schreiben!« Ich war betroffen. »Das ist ein Luxus!« erwiderte ich rasch, um nur irgend etwas zu sagen. Dann sprach ich weiter von allerlei anderen Dingen, ohne auf seinen Vorschlag fernerhin einzugehen, und empfahl ihm schließlich, auch in der schönen Ferne mein Leib-Medikus zu bleiben. Er erklärte sich hierzu bereit und machte sich erbötig, mir eine Empfehlung an den dortigen Arzt mitzugeben. Dann schlug er mir vor, nach einigen Stunden zur Lektion wiederzukommen, kam auch pünktlich, fand mich jedoch schwach und mußte die Stunde auf ein anderes Mal verschieben. Als er weggegangen war, träumte ich von einer prachtvollen Reise nach Spanien.

26. Januar 1865. Als ich gestern wie gewöhnlich mit dem »Leib-Medikus« plauderte, zeigte ich ihm das Porträt von Katinka, das ihm jedoch nicht gefiel. Er erklärte, für ihn sei das Ideal weiblicher Schönheit die Venus von Milo, worauf ich meinte, in meinen Augen sei sie der Ausdruck der Sinnlichkeit, während er sie lediglich stolz findet.

Als ich vorgestern von meinem Mittagessen nach Hause ging, fiel mir mit einem Male Salvador ein, und ich beschloß, in jenes Haus zu gehen, wo er angeblich wohnen sollte, um zu erfahren, ob dies wirklich der Fall sei. Ich schwenkte vom Odeon ab, bog in die rue Racine ein und begegnete ihm prompt am Arme einer Dame in der rue Corneille. Es war sehr finster, ich zweifelte zunächst, ob er es wirklich sei, und blickte mich einige Male nach ihm um, worauf auch er den Kopf nach mir wandte. Mein Herz klopfte zum Zerspringen, ich überquerte die Straße und trat auf die Treppe des Odeons; unter den Arkaden, wo gewöhnlich Bücher zum Verkaufe angeboten werden, war es dunkel. Wie ein Dieb schlich ich mich die schattigen Bogengänge entlang, bis ich eine Stelle ihm gegenüber erreicht hatte, von wo ich ihn beobachten konnte. Er ging eben mit seiner Dame quer über die Straße und nahm seinen Weg unter die Arkaden, an den Zeitungsverkäufern vorbei. Ich ging ihm unwillkürlich nach und beobachtete ihn aus der Ferne, und noch immer zweifelte ich, ob er es wirklich sei. Endlich holte ich ihn ein und folgte ihm Schritt für Schritt mit der Absicht, das Gesicht der Dame zu sehen, was mir jedoch nicht gelang. Ich konnte nur feststellen, daß sie blondes Haar hatte. Er sprach wenig mit ihr, und ich konnte nichts verstehen. Auf der Höhe der M.-Straße wandte er sich um, und so hatte ich Gelegenheit, ihn scharf ins Auge zu fassen. Er dürfte mich wohl bemerkt, kaum aber erkannt haben; er wandte sich ohne jeden sichtbaren Grund um, wie wenn meine Blicke ihn magnetisch angezogen hätten. Ich blieb ein wenig zurück, wußte nicht, ob ich weitergehen oder umkehren sollte, und eine schmerzhafte Scham bemächtigte sich meiner. Ich wollte stehen bleiben, doch eine unbekannte Kraft trieb mich weiter vorwärts, bis ich merkte, daß die Vorübergehenden mich beobachteten. Ein Mann fragte mich, ob ich etwas suchte, ich gab ihm eine barsche Antwort, bog in eine dunkle Gasse ein und – ging nach Hause. Mein erster Gedanke ging dahin, mich endlich in der ... Straße von der Richtigkeit seiner Adresse zu überzeugen, aber ich konnte mich nicht entschließen, den Weg allein zu unternehmen, und begab mich zu der Gräfin in der Hoffnung, dort Utin anzutreffen. Ich wäre sogar bereit gewesen, den Grafen Saliás um seine Begleitung zu ersuchen.

Ich war sehr aufgeregt, redete allerhand Unsinn und erklärte schließlich, nach Hause zu wollen. Ussoff bat mich, ich möge noch ein wenig blieben und dann mit ihm zusammen fortgehen, ich aber erwiderte, wir müßten uns sogleich auf den Weg machen. Die Gräfin forderte Ussoff auf, noch zu bleiben, und meinte, ich könne ganz gut allein gehen, denn es sei erst neun Uhr; ich aber erklärte, es liege mir besonders daran, von jemandem begleitet zu werden, und nun machte sich Utin erbötig, mit mir zu gehen. Ich gab mir alle erdenkliche Mühe, meine Ruhe zu bewahren.

»Warum bestehen Sie darauf, begleitet zu werden?« erkundigte er sich.

»Ich muß die Adresse eines Herrn in Erfahrung bringen!« erwiderte ich nachlässig und begann von verschiedenen anderen Dingen zu sprechen, von seiner Novelle, von meiner Abreise.

Als er fragte, wer dieser Herr sei, erwiderte ich ausweichend, worauf er erklärte, ich sei im Begriff, eine Dummheit anzustellen. Wir gingen nun doch in das bewußte Haus, aber er wollte nicht um Auskunft fragen, und so mußte ich es selbst tun.

Der Hausbesorger teilte mir in ziemlich barscher Weise mit, daß ihm der gesuchte Name unbekannt sei, und so mußte ich unverrichteter Dinge das Haus wieder verlassen. Utin wollte mich neuerdings abkanzeln, ich verteidigte mich, redete jedoch mit der größten Lebhaftigkeit schrecklichen Unsinn.

»Sie sind sehr aufgeregt!« sagte er.

»Ja«, entgegnete ich, unterbrach mit einem Male das Gespräch, ließ ihn stehen und ging davon.

28. Januar 1865. Gestern mittags machte Ussoff den Vorschlag, wir sollten mitsammen ins Theater gehen. Dieses Theater strotzt von den schmutzigsten Dingen: es werden Zoten gesprochen, die Damen ergehen sich in den unanständigen Gesten und alles zusammen ist ein Gemisch von Unsauberkeit, Dummheit und soldatischer Frechheit. Das Publikum, das meist aus Arbeiterinnen bestand, unterhielt sich vortrefflich und lachte aus vollem Herzen. Mir aber war es unbegreiflich, wie man derartige Dinge in einem Theater öffentlich aufführen könne. In unsere Loge, in der ich und Ussoff die ersten Sitze innehatten, drangen Studenten ein, die sich sehr ungezwungen benahmen, polterten, schrien und laute Bemerkungen über die Schauspieler machten. Ussoff wollte sie aus der Loge werfen lassen, die Aufseher jedoch begnügten sich damit, sie zur Ruhe aufzufordern.

Nach dem Theater machte mir Ussoff den Vorschlag, mit ihm in ein Café zu gehen. Neue abstoßende Bilder! Entsetzliche Ausgelassenheit und Frivolität drücken dort allem und jedem ihren Stempel auf. Neben uns saßen zwei junge Leute und spielten Karten; neben dem einen hatte eine Dame Platz genommen, die zerstreut an einem Glase nippte, hie und da ihren Nachbarn ansprach und ihm die Hand auf die Schulter legte; dann fuhr dieser wie aus dem Halbschlafe auf und tätschelte ihre Wange. Auf der anderen Seite saß eine Dame inmitten von Männern und las *»Le petit Journal«*; ein Herr, den sie zutraulicher behandelte, küßte ihr bisweilen die Hand.

Diese Damen sind ohne Charme und schwunglos. Die Wirtin kam höchst ungezwungen auf uns zu; sie legte ihre Hand auf die meinige und sagte uns, wir würden sofort das Gewünschte serviert erhalten. Im Theater beobachtete ich, wie man Bekanntschaften macht. Ein junger Mann sprach in der Pause seine Nachbarin an, und bald nachher sah ich ihn ihr den Schal richten.

E. . . . macht Mme. Verlaine eifrig den Hof; aber wie dumm und frech ist diese Kurmacherei! Er stellt sich abseits, um sich vor den Blicken der Anwesenden zu verbergen, nimmt eine malerische Pose an und schmachtet sie an; setzt sich in dem anliegenden Zimmer, der Tür gegenüber, hin und läßt kein Auge von ihr. Heute hatte ich bei meinem »Leib-Medikus« eine Lektion. Die Nerven waren verstimmt, und während der Lektüre begann ich einige Male zu weinen. Es schien mir, als wäre er ergriffen, aber er konnte gewiß die Ursache meiner Aufregung nicht erraten. Anfangs saß ich auf dem Diwan und er beim Fenster; als man im Nebenzimmer Klavier zu spielen begann, setzte er sich zu mir, ziemlich nahe, so daß er wegrücken mußte, als an die Tür geklopft wurde; aber ich sah ihn nicht an, weder seine Pose noch den Ausdruck seines Gesichtes. Als die Stunde beendet war, fragte er, wann er wiederkommen dürfe.

Ich bestimmte den Dienstag, er aber bemerkte darauf, er wolle doch Montag bei mir erscheinen, um nachzusehen, wie es mir gehe.

Ich sagte etwas von meiner Reise nach Spanien. Er meinte, ein Paßvisum sei gar nicht erforderlich. Ich behauptete, daß man es brauche. »Sie wissen ja alles was Spanien betrifft«, sagte er. (Nein, ich kannte Spanien wenig, denn, hätte ich es besser gekannt, so wäre alles wohl anders gewesen.) Er hat mir die Adresse des »Plantadors« noch nicht mitgeteilt. Das nächste Mal will ich ihn fragen. Er sagte, ich täte gut daran zu reisen, und er würde gerne in jene Gegenden hinüberkommen.

Ich werde ihm sagen, er habe der Nichte von Mme. nicht gefallen, und ich hätte ihr von ihm gesagt, er sei ein guter Mensch, aber voller Weiberlaunen.

Sonnabend, 4. Februar 1865. Neulich stieg ich in der Nähe des Palais Royal aus dem Omnibus; ein kleines Mädchen kam auf mich zu und bot mir Knöpfe zum Kauf an. Ich gab ihr Geld, wollte ihr aber die Knöpfe zurücklassen; sie aber bestand darauf, daß ich sie nehme. Ich nahm also die Knöpfe und gab ihr Geld, aber sie schob mir noch mehr Knöpfe in die Hand, die zu nehmen ich mich wieder weigerte.

»Genug, sie braucht keine Knöpfe mehr, lasse sie«, mischte sich der Kondukteur hinein, der daneben stand; dann wandte er sich zu mir und erklärte mir, daß dieses Mädchen niemals etwas umsonst annehme; er sprach mit großer Anerkennung von ihr.

Heute kam der »Leib-Medikus«, um mir seine letzte Stunde zu geben und Abschied zu nehmen, aber wir werden uns noch sehen. Er war verstimmt und konnte die Stunde nicht zu Ende führen, er ging weg, indem er sagte, er sei krank. »Das sieht man Ihnen an; was fehlt Ihnen?« »Ich weiß es nicht!« »Haben Sie sich erkältet, oder haben Sie nicht geschlafen?«

»Ich habe nicht oder vielmehr miserabel geschlafen. Wenn ich gar nicht geschlafen hätte, so hätte dies doch einen Grund haben müssen; hier aber war keinerlei Ursache einzusehen.«

Ich sagte nichts, und wir trennten uns wie gewöhnlich.

»Aber Sie kommen gewiß am Montag?« fragte ich.

»Ja, ich soll Ihnen ja noch die Adresse bringen, deswegen allein soll ich ja kommen.« Er meinte die Adresse Kar . . .s, aber ich stellte mich so, als ob von der Adresse des Arztes in Montpellier die Rede sei.

Das letzte Mal sagte ich ihm, daß er als Arzt bei mir die zweite Stelle einnehmen werde. Die erste Stelle gehöre der Schwester.

»Ich werde eifersüchtig sein«, sagte er. »Dieses Recht kann mir doch niemand streitig machen.«

Eben war Utin hier. Er sprach sehr offen. Ich sagte ihm, er könne einem wohl den Kopf verdrehen, doch glaubte ich kaum, daß er imstande wäre, Liebe einzuflößen. Er war sehr neugierig und wollte durchaus, daß ich ihm das näher erkläre.

»Wie kann man es nur erklären? Sie sonderbarer Mensch, Sie . . .«, sagte ich und hielt inne.

Er bestand darauf, ich solle mich deutlicher ausdrücken. Ich wollte eine Dummheit sagen.

»Macht nichts, sagen Sie es nur. Was kann es Ihnen schaden?«

»Ich wollte Ihnen bloß sagen, daß ich die Ursache kenne, weswegen Sie nicht zu mir kommen. Sehr einfach: Sie sind beschäftigt und überdies der Honigmond mit Saliás –«

»Sie wollen nicht einen tieferen Grund suchen?« fragte er. Ich begann darüber nachzugrübeln, aber er sagte, das seien Dummheiten.

»Doch, ich weiß, warum Sie nicht zu mir kommen!«

»Ist es also eine tiefere Ursache als die, welche Sie früher angaben?«

»Ja, freilich . . .« Er bestürmte mich, es ihm zu sagen.

»Die Ursache ist die, daß man für unsereinen wenig Interesse hatte!« Er widersprach heftig.

»Es ist sehr begreiflich«, sagte ich. »Wozu geht man denn sonst zu einer Frau? Ich bin ja auch wenig interessant. Bei mir ist weder Verstand noch Wissen zu finden.«

Er begann nun scherzend zu erzählen, er interessiere sich für eine Spanierin.

»Haben Sie denn nicht gesehen, wie ich mich mit ihr am Kamin unterhielt?« Ich sagte, ich hätte es gesehen; da ich mich aber niemals in der Gesellschaft bewegte, wisse ich nicht, was den Hof machen bedeute, was Verliebtheit und was einfache Höflichkeit sei. Er fragte mich, warum ich so früh weggefahren sei. Ich erklärte einfach, es sei für mich nicht früh gewesen, und ich hätte mich unwohl gefühlt. Dann fragte er, ob ich mit Dostojewski korrespondierte und warum ich ihn nicht heiratete, es wäre doch recht angebracht, wenn ich ihn und seine »Epocha« in die Zügel nähme.

»Weil ich nicht will!« antwortete ich.

»Wieso denn?«

»Wenn ich es gewollt hätte, so wäre ich jetzt bei ihm, anstatt nach Montpellier zu fahren.«

»Aber vielleicht will er Sie gar nicht heiraten?« fragte er mit komischem Ernst.

»Vielleicht!« antwortete ich.

Die »Epocha« in die Zügel nehmen! Bin ich denn eine Iphigenie?

Montpellier, 8. März 1865. Das Volk hier ist furchtbar gutmütig, aber voller entsetzlicher Vorurteile. Als ich krank war, saß die Wirtin viel bei mir und wollte sich gerne behilflich zeigen, die Dienstboten liefen sich müde, um für mich alle Besorgungen zu erledigen, manche boten sich dazu sogar freiwillig an und erkundigten sich bei jeder Gelegenheit, ob ich nicht noch Aufträge für sie hätte. Ich liebe hier das gemeine, wenig gebildete Volk mehr als die Gebildeten. Hier wie überall! Ungebildete Menschen sind immer für das Gute und Gerechte empfänglich. Ohne selbst mutig zu sein, achten sie den Mut. Aber die Gebildeten sind überzeugt, sie wüßten bereits alles, hätten alles erreicht, und sie haben für nichts mehr auf der Welt Bewunderung. Die Provinzler hassen Paris, und dieser Haß wirkt manchmal genauso lächerlich übertrieben wie der Haß der Franzosen gegen die Engländer.

Gestern sagte mir Gault, daß alle großen Geister und Talente aus der Provinz stammen. Die Pariser seien Narren. Er übernehme es, jedem Pariser weiszumachen, daß dieses Buch hier kein Buch, sondern ein Baum wäre; der Pariser wird sich damit einverstanden erklären. Aus dem Hasse meines Lehrers schimmert Bosheit hervor, aber auch etwas wie Furcht.

Er und Mme. Chancel lieben und achten mich sehr. Sie sprechen von Freiheit und Glauben etwa so: »Das ist alles recht und schön, aber was wird man dazu sagen? Glauben Sie nur; es ist alles gar nicht so schrecklich wie es scheint.«

»Ja, ja, man muß die Dinge philosophisch nehmen«, sagen sie.

»Ein wenig«, sage ich.

»Nein, viel!«

Sie sehen es gerne, wenn die anderen in Freiheit machen. Selbst tun sie nicht mit. Sie lieben die Freiheit platonisch.

Mme. Ogarioff ist eine höchst sonderbare Frau. Bald will sie haben, die Frauen sollten von ihren Männern separiert leben, damit das Familienleben nicht von all den Wirtschaftsmiseren getrübt werde, so daß sie also nur die Mußestunden zusammen verbringen. Ob wohl in diesem Fall der Harem nicht das beste wäre? Bald aber will sie, die Frauen sollten überhaupt nicht heiraten, und Gott behüte sie vor Leidenschaften! Bald hat sie wieder die Absicht, nach Amerika auszuwandern und dort eine Gemeinde zu gründen; es fehlt bloß an Gesinnungsgenossen. Sie ist fortwährend bemüht, Herzen zu überzeugen, daß er sich naturalisieren müsse und für Frankreich Broschüren schreiben solle. Heute haben wir uns gründlich ausgesprochen. Ich behaupte, es sei unsere Pflicht, Nutzen zu bringen und wenn man nur einem einzigen Bauer das Lesen beibringen sollte. Sie behauptet, das sei nutzlos, denn der Bauer habe noch nichts zum Lesen; er werde das Lesen bald wieder verlernen, denn es gebe noch keine Bücher, die für ihn geschrieben sind. Turgenjeff sei ihm unzugänglich, unverständlich. Er verstehe besten Falles Kolzow, aber mit Kolzow allein könne man nicht weit kommen. – »Folglich ist es nötig, daß das Volk für sich selbst Bücher schreibe.« – Nein, es ist erforderlich, daß Gebildete eine Mustergesellschaft gründen, in der es weder Trauungen noch Taufen gibt und wo Bücher für das russische Volk geschrieben werden, von denjenigen, die ihre russische Sprache noch nicht verlernt haben. Aber wie gründet man eine solche Gesellschaft? Es wird sich wohl niemand dazu vergeben wollen. Und Luginin, Ussoff? Ich bat sie, mich als Kandidaten zu betrachten. Aber was soll ich dort tun, wenn Luginin und Ussoff hinkommen?

Dann ersuchte sie mich, ihr durch meinen Arzt Gift zu verschaffen. Als »vorurteilslose, humane und gebildete Person« habe ich es ihr versprochen, doch wußte ich nicht, wie an meinen Arzt mit solch einer Bitte heranzutreten; ich schämte mich viel zu sehr; aber sie hat mir die Sache vorweggenommen; sie hat sich das Gift von ihrem Arzt verschafft, der dumm ist und nichts verstanden hat.

Heute geschah ein komischer Vorfall. Als ich mit Mme. Ogarioff das erstemal ins Haus kam, um die Wohnung zu mieten, traf ich einen Polen, der uns russisch sprechen hörte und uns anredete. Kein junger Mensch mehr. Beim Umzuge, als die Tür zu meinem Zimmer gerade offen stand, kam er so mir nichts dir nichts herein. Ich nahm ihn sehr kühl auf, und seitdem habe ich ihn nicht mehr gesehen.

Heute begegnete ich ihm auf der Stiege und grüßte ihn. Er war von meinem Gruß sichtlich erfreut und führte mich gleich zu seiner Frau.

In einem kleinen Zimmer erblickte ich eine ältere Dame. Bei der Vorstellung empfand ich ein peinliches Gefühl.

»Madame«, sagte ich, »ich bin zwar eine Russin, doch . . .«

»Eine liberale Russin«, sagte der Pole.

»Ich teile nicht die Ansichten«, fuhr ich fort . . .

»Eines Murawjoff-Beer«, ergänzte die Dame. »Sie sind nicht mit dem Herzen Russin.«

»Verzeihung«, sagte ich, »ich bin immer Russin.« Und dabei fühlte ich den ganzen Widersinn dieser Bekanntschaft; ich beeilte mich, das Gespräch in andere Bahnen zu lenken.

Montpellier, 24. April 1865. Neulich unterhielt ich mit Gault ein Gespräch voller Wärme. Er behauptet, die russischen Frauen seien sympathischer und besser als die russischen Männer. Genauso sei es auch bei den Italienern. Jeder italienische Staatsmann wird von irgendeiner Frau inspiriert. »Ich stehe in schriftlichem Verkehr mit vielen russischen Frauen«, sagte er. »Aber warum haftet auch an den Leichtsinnigen und Launischesten von ihnen eine beständige Traurigkeit?«

Die russische Nation, meint er, verspreche nicht die Entwicklung, wie sie Herzen und andere erwarten. Rußland hat auch eine eigene Zivilisation hervorgebracht und unterscheidet sich darin nicht von anderen, westlichen Staaten; im französischen Volke sind auch noch viele unverbrauchte Kräfte vorhanden.

Er machte sich über die gegenwärtige französische Jugend lustig, über ihr *»raisonnable«*-sein, und erzählte, wie sie zu seiner Zeit alle so voller Schneid und Begeisterung waren.

Gestern sprach er darüber, wie frei italienische und spanische Frauen seien; wenn eine junge Frau einen Empfang hat, bleibt sie fast ausschließlich in der Gesellschaft des Menschen, der ihr Gefallen erregt. Alle sehen es, finden es aber natürlich. Alle gehen nach Hause – er bleibt. In seiner Gegenwart entkleidet sie sich, legt sich sogar ins Bett. Und das alles wird frei getan, aufrichtig und ohne Mißbräuche.

Gestern war ich beim Jahrmarkt, der hier eben begonnen hat. Wundervoll! Die vielen Buden und Schaukeln! Ich werde mit der Nichte von Mme. Chancel auch einmal abends Karussell fahren. Und diese Buden! *Théatre de passion; Chiens et singes savants* usw. Und die Hanswürste! Ein interessantes kleines Mädchen tanzte auf der Galerie. Tanzte mit Grazie und Schwung. Dann verteilte sie mit bezaubernder Freundlichkeit Karten. Viele sehnige Hände streckten sich nach ihr aus der Menge. Wie anmutig lächelte sie und grüßte sie ihre Bekannten. Mit welcher Lebhaftigkeit empfing sie einen häßlichen Hund und küßte ihn auf die Schnauze! Neben ihr stand noch ein Mädchen, noch jünger, aber sehr ähnlich und auch gleich gekleidet (sie war ernster und erinnerte an einen Knaben).

Montpellier, 6. Mai 1865. Dieser Tage machte ich eine Operation durch, die mich besonders erschreckt und geängstigt hat, weil der Arzt mich nicht darauf vorbereitet hatte. Als ich das Messer spürte, war ich plötzlich feige und flehte den Doktor an, er solle mich lassen. Er hörte aber nicht auf. Der Schmerz, die Angst und auch der Groll, daß er mich mit der Operation überlistet hatte, regten mich bis zum Äußersten auf. Ich weinte, schluchzte. Der Arzt war betroffen und gerührt. Er tröstete mich, es kam mir sogar so vor, als ob er meine Hände geküßt hätte, ich glaube ihn umarmt zu haben. Ich beruhigte mich bald. Wie ich so auf dem Diwan lag, müde und gekränkt, ergeben und schweigsam, nahm er mich tröstend bei der Hand und beugte sich so tief zu mir herab, daß er fast mein Gesicht berührte. Mir wurde unbehaglich, und ich wandte mich ab.

Er sagte mir vergnügt, er werde mich künftig weder mehr schneiden noch brennen. Diese Mitteilung rief in mir Freude und Dankbarkeit hervor. An seinen Instrumenten hantierend, bemerkte er, ich würde nach dieser Operation, wenn ich heiraten sollte, Kinder haben können. Ich erwiderte, dies erbaue mich nicht im mindesten.

»Warum denn?« fragte er, »jede Frau wünscht sich Kinder.«

»Weil ich sie nicht erziehen könnte«, sagte ich. Dieses Gespräch brachte mich auf verschiedene Gedanken, und ich wurde traurig bis zu Tränen, die ich nicht mehr zurückhielt.

Am nächsten Tag empfing ich ihn ruhig und überließ mich vertrauensvoll seiner Behandlung. Als er wieder anfing, mich zu quälen, fiel mir nun ein, daß er versprochen hatte, mir nichts zu tun, und ich bestürmte ihn ängstlich, er möge mich in Ruhe lassen. Mein Äskulap fühlte sich in seiner Ehre getroffen und sagte: »Sie glauben nicht an das Ehrenwort eines Mediziners?« Er hatte etwas im Tone, das mich an den Leib-Medikus erinnerte.

»Weil alle Menschen Machiavellis sind«, antwortete ich, und wir versöhnten uns wieder.

Gestern war Gault bei mir, und wir führten ein sentimentales Gespräch über Liebe, Ehe und ähnliche Dinge. Gault wollte geheimnisvoll scheinen, aber es kam mir vor, daß er mit seinen Fragen herausbringen wollte, wie viele Male ich eigentlich geliebt und ob ich die Qualen meiner letzten Liebe bereits verwunden hätte. Ich antwortete ihm, ich sei damit noch keineswegs fertig geworden. Dann fragte er beiläufig, wie ich mein zukünftiges Leben einzurichten gedächte und er riet mir zu heiraten, obwohl er einen Tag vorher sich gegen die Ehe ausgesprochen hatte. Das Gespräch würzte er mit Erzählungen und Witzen, und zum Schlusse suchte er mir nahezulegen, daß ich mich auf ihn verlassen könne, wenn ich einen guten Rat benötigen sollte.

Früher hatte er gesagt, die Ehe sei zwar eine nützliche Institution, aber sie tauge nicht für Menschen, welche die Freiheit ausgekostet haben. Heiraten sollten Menschen, die einen eigenen Besitz haben und sich mit Erdarbeit beschäftigen; diejenigen aber, die von geistiger Arbeit leben, die viel zu sehen und zu wissen wünschen, dürften sich nicht binden. »Und was meinen Sie, ist die Liebe? die Leidenschaft? Ein überflüssiger Skandal. Man gebe sich mit Literatur ab, man umringe sich mit tüchtigen Menschen und das genügt.« Ich pflichtete ihm bei. Und am nächsten Tage sagte mir mein Lehrer Campagnard, der seine junge Frau und sein Kind vergöttert, das Glück sei einzig in der Liebe zu finden. Sie widersprechen sich alle. Auf wen also hören?

Gestern meinte Gault, man solle heiraten, doch nicht aus Leidenschaft; man solle einen Menschen wählen, der die richtigen geistigen, sittlichen und physischen Eigenschaften besitzt und auch eine Stellung in der Gesellschaft einnimmt. Vielleicht hat er auch recht. Vielleicht würde ich bei einer solchen Heirat mich nicht so weit vom geistigen Leben entfernen; aber wie dem auch sei, was immer seine Worte auch bedeuten mögen, ich werde mich nicht um einen geringen Preis ergeben.

Dienstag, 7. Mai 1865. »Das Leben ist eine höchst spaßhafte Sache«, sagt Gault. »Wer es einmal gekostet hat, meint, es sei abscheulich; aber er denkt sich dabei doch: vielleicht auch nicht, ich war wohl viel zu unbedacht, zu voreilig, und beim zweiten Male ist der Mensch nicht mehr so unbedacht und voreilig.« Sie werden es genau wie die anderen machen: Sie werden betrügen und selbst betrogen sein.

27 . . . Gault erklärte mir heute, warum die Häuser auf der Esplanade so niedrig seien: weil sie der Zitadelle gegenüberstehen, die unter Louis XIII. erbaut worden war.

Zürich, 22. Juni 1865. Heute sah ich eine Nationalfeier, den Empfang der Schützen. Die erste Mitteilung davon machte mir der Alte, der in der Bibliothek angestellt ist. Als ich dann hinunterging, traf ich Verigo, der mir alles genauer erklärte und mir vorschlug, wir sollten uns zusammen das Fest ansehen. Dieser Herr ist schon lange, seit meiner Ankunft, von einer ganz besonderen Aufmerksamkeit. Einmal, beim Teetrinken, bestellte ich Wein, man brachte mir aber statt dessen Wasser. Um das Dienstmädchen nicht in Verlegenheit zu bringen, machte ich eine Miene, als ob ich mir eben das gewünscht hätte, doch wußte ich nicht, wo ich das Wasser hintun sollte, denn ich hatte keine Lust zum Trinken. Er goß sich nun tapfer ein Glas ein und mit einem ausdrucksvollen Blick nach mir leerte er das Glas in einem Zuge. Zum Glück hat niemand etwas davon bemerkt.

Nachdem wir uns heute die Schützen und auch die Berge angesehen hatten, gingen wir zusammen Tee trinken. Nach dem Tee, beim Verlassen des Speisezimmers, fragte ich die Kniashnina, ob wir nicht spazierengehen sollten. Sie kam dann mich abholen und sagte, W. beabsichtige, mit uns mitzugehen, doch müßte er zuerst noch einen Sprung ins Laboratorium machen. Wir gingen zusammen. Im Laboratorium zeigte er mir Verschiedenes, darunter auch eine schöne Substanz und dann eine künstliche Beleuchtung. Ich beschwor ihn, nichts Gefahrvolles zu machen, denn ich sei feige. Er behauptete, es bestünde gar keine Gefahr. Ich vertraute ihm und blieb in seiner Nähe, während die K., eine Chemikerin, davonlief; als die Detonation kam, packte ich ihn bei der Hand, um sie sofort wieder freizugeben.

Spa, 17. September 1865. Erst gestern kam ich hier aus Paris an, wo ich mich jetzt auf der Durchreise drei Wochen aufhielt und das ich nun endgültig verlassen habe. Ich könnte nicht behaupten, daß es mir besonders leichtgefallen sei. Ussoff bot sich an, mich zur Bahn zu begleiten, und ich nahm sein Angebot mit Freuden an; es wäre für mich furchtbar gewesen, diese letzten Minuten allein zu sein. Also, nun habe ich Paris verlassen, habe mich herausgerissen, und ich denke, ehrlich und entschlossen gehandelt zu haben. Vorgestern abends habe ich verzweifelt geweint, und es schien mir, ich werde niemals den Mut zu diesem Schritte aufbringen können. Gestern kam ich hier an, sehr müde, legte mich aufs Bett, und zum erstenmal nach diesen drei Wochen in Paris schlief ich einen festen, ruhigen Schlaf. Als ich erwachte, freute ich mich des klaren Himmels, des Grünen . . .

Auf der Reise dachte ich über meine Zukunft nach und beschloß, künftig in einer Gouvernementstadt zu wohnen; dort würde ich meinen Kreis haben und eine antike, intime Schule gründen. Nicht in Petersburg, »denn es ist besser, im Dorfe der Erste zu sein«, und nicht in einem Dorfe, um nicht vor Langeweile zu sterben. »Der Wolf ist satt und die Lämmer sind verschont.« (Ein russisches Sprichwort.) Jetzt ist es beschlossene Sache. Ich stehe nun auf diesem Punkte und schreibe unentwegt in der bestimmten Richtung.

Jetzt will ich erzählen, wie es in Paris zugegangen ist. Als ich mit meiner Schwester ankam, ließ ich L. M. rufen, ohne jegliche Absicht, bloß von dem Wunsche geleitet, ihn zu sehen. Er erschien sofort. Ich war gerade am Balkon, als er eintrat; ich erkannte ihn anfangs nicht, aber dann ging ich rasch auf ihn zu und streckte ihm herzlich die Hand entgegen. Man sprach von Verschiedenem. Ich erzählte von Gault, sagte, ich beabsichtigte, auch Katzen ins Haus zu nehmen und dann Kartoffeln zu pflanzen, denn Blumen gediehen bei uns nicht. Er kam dann noch einmal und verschwand nachher für eine ganze Woche. Endlich tauchte er wieder auf und sagte, er sei krank gewesen. Man sprach von großen Männern und über Kunst, übrigens besorgten die Unterhaltung nur ich und meine Schwester. Er stimmte eher mit mir überein. Zum Schluß wurde ich dieses Geredes so überdrüssig, daß ich davonlief und den andern das Ende überließ. Bei allen seinen Besuchen suchte er die Gelegenheit, mit mir unter vier Augen zu sein, aber ich wollte es nicht und die Schwester verließ uns keinen Augenblick. Eines Abends fragte er, wie unser Balkon aussehe und ging hinaus, aber ich folgte ihm nicht. Am nächsten Tag war er wieder da. Ich teilte ihm mit verweinten Augen die Neuigkeit mit, denn ich hatte beschlossen, wegzufahren.

Er fragte, warum dies geschehe? »Also sieht man Sie vielleicht nie mehr wieder, und Sie werden auch keine Nachrichten von sich geben?«

Ich setzte mich ans Fenster, traurig und mutlos.

»Sonderbar«, sagte er. »Menschen sind manchmal wie Kinder: bald suchen sie einander, bald verstecken sie sich, genau wie in dem Märchen. Bald suchte er sie, und sie versteckte sich, bald suchte wieder sie ihn, . . . und so haben sie sich niemals gefunden.«

Dann kam er erregt auf mich zu und streckte mir seine Hände entgegen. Ich reichte ihm die meinigen. Wie einst überrieselte es mich heiß, aber ich hielt seine Hände fest, und er konnte mir nicht näherkommen. Er war erregt und verschlang mich mit den Augen.

»Setzen Sie sich«, sagte ich sanft und traurig.

»Nein«, sagte er gepreßt und drückte mir krampfhaft meine Hände.

»Setzen Sie sich«, wiederholte ich.

»Ich werde mich nur dann setzen, wenn Sie sich auch setzen.«

Wir setzten uns nebeneinander auf den Diwan, unsere Blicke trafen sich und wir umarmten uns. Wir saßen so an die zwei Stunden beisammen. Seine Arme hielten meine Hüften umschlungen, ich neigte den Kopf an seine Brust, glättete seine Haare, küßte ihn auf die Stirne. Wir sprachen fröhlichen Unsinn, ich fühlte weder Zweifel noch Unruhe. Dann fuhr ich zur Gräfin. Er begleitete mich. Wir saßen im Wagen Hand in Hand, und ich hatte plötzlich die Empfindung, daß er mich nicht auf die rechte Weise liebte, wenn man es überhaupt noch »lieben« heißen kann. Wir trennten uns im Parke. Als ich eine ziemlich weite Strecke zurückgelegt hatte, schaute ich mich um und sah, daß er auf demselben Flecke stand und mir mit den Augen folgte, aber es war bloß eine Farce und eine recht ungeschickte obendrein.

Er kam am nächsten Abend wieder; er kannte in seiner Leidenschaftlichkeit und in seinem Entzücken kein Maß, und ich gab mich diesen Minuten hin, ohne Unruhe und Bedenken. Er wollte mehr, doch ließ ich es nicht zu, und er sah seinen Irrtum ein. Ich sagte, ich werde verreisen, verschob aber meine Abreise nur bis zum nächsten Tag, bis Donnerstag. Er kam am Mittwoch, bereute das Vorgefallene und bat mich um Verzeihung. Er sagte, er könne nicht lieben, er sei nicht dazu geschaffen; und er wolle nicht, daß Umstände oder Gefühle sein Leben regieren. Ich verschob die Reise noch um einen Tag; Donnerstag erwartete ich die Gräfin, die versprochen hatte, mich zu begleiten. Ich war an diesem Tage bei ihr. Zum Abschied begann sie, mir freundschaftlich und mütterlich Ratschläge zu erteilen. Ich fühlte mich so müde von all den fremden Menschen, die mich nur als Mittel zu ihren eigennützigen Zwecken behandelten, daß ich von ihren Worten tief gerührt wurde.

»Und vergessen Sie nicht, an Gott zu denken, Polinka«, sagte sie. »Das wird Sie stärken. Sonst ist es schlimm, Sie sehen ja, wo dann die Menschen hingeraten . . .« Ich konnte es nicht länger ertragen, warf mich ihr zu Füßen und schluchzte laut auf. Sie war erschrocken, wollte für mich Wasser holen. »Nein, nein«, sagte ich, »lassen Sie das, mir ist jetzt ganz wohl.« Und ich weinte an ihrer Brust und küßte ihr die Hände.

»Ich bin zu unglücklich«, sagte ich ihr.

»Polinka«, antwortete sie, »wer ist denn nicht unglücklich? Ob es wohl eine Frau gibt, die geliebt hat und dabei nicht unglücklich war?«

Donnerstag kam sie zu mir, und wir nahmen wieder Abschied, und das erschütterte mich so, daß ich krank wurde und die Reise noch um einen Tag verschieben mußte. Donnerstag abends kam er. Ussoff war gerade bei mir. Ussoff ging nicht weg, und er mußte gehen, ohne mich allein gesprochen zu haben.

»Ich nehme von Ihnen keinen Abschied«, sagte er beim Weggehen, »ich hoffe, Sie morgen zu sehen.«

»Ich weiß nicht, ob Sie mich antreffen werden«, erwiderte ich ziemlich kalt.

Er kam am nächsten Abend. Ich war froh und suchte nicht, es zu verbergen. Ich begrüßte ihn heiter und bat ihn, Platz zu nehmen, in der Annahme, daß er sich auf den Stuhl setzen würde. Ich saß in der Ecke des Diwans, die andere Ecke war durch den Tisch verstellt. Er bat mich, ich möge ein wenig rücken, damit er sich neben mich setzen könne. Ich tat es. Er nahm meine Hände. Ich sagte, ich wüßte noch nicht, ob ich morgen reisen werde. Denn ich fühlte mich noch immer nicht ganz wohl. Er riet mir, zu bleiben. Ich sagte, ich werde in Spa wohnen und dort auf das Geld warten. Er fragte, warum ich bis dahin nicht in Paris bleiben wolle? Man brachte Tee. Ich bot ihm in heiterer Stimmung davon an.

»Bitte, laßt uns kühle Helden spielen«, sagte er.

»Was denn? Verzweifelt die Hände ringen?« fragte ich.

Er fühlte sich durch diese Zurückhaltung verletzt, und ich trank meinen Tee allein. Er begann über irgend etwas zu sprechen.

»Hören Sie einmal«, sagte ich. »Warum haben Sie mir damals, als ich traurig war, gesagt, Sie wären bereit, mir zu helfen und alles für mich zu tun und alles nach Möglichkeit wiedergutzumachen?«

»Ich war auch bereit, alles zu tun!«

»Was haben Sie denn getan?«

»Ich dachte, Ihnen mit meinem Mitgefühl, mit meinem Verständnis zu helfen.«

»Um Almosen habe ich Sie nicht gebeten.«

»Mein Gott, was gebrauchen Sie für schreckliche Worte!«

»Wozu sind Sie so weit gegangen, wenn Sie mich nicht liebten?«

»Ich bin genausoweit gegangen, als ich liebte und fühlte. Ich habe einen Fehler begangen. Ich wollte Ihnen helfen und habe die Sache nur noch schlimmer gemacht. Ich dachte, man werde mich lieben, ohne von mir etwas zu fordern, man werde mich so lieben, wie ich es gerne sähe; heute will ich so, dann sei es eben so, morgen will ich anders, dann sei es eben anders; in der Liebe ist es immer so. Die einen lieben, die anderen werden geliebt. Aber die Menschen sind große Egoisten, jeder liebt für sich selbst; ich dachte, Sie hätten etwas für mich übrig, und ich habe mich getäuscht.«

Ich war ganz betroffen. Er wollte meine Hand ergreifen, aber ich zog sie zurück. »Lassen Sie mich«, sagte ich, »setzen Sie sich weiter weg, oder gehen Sie.«

»Was soll das bedeuten«, sagte er, »warum haben Sie mich früher geliebt? Ich habe mich ja gar nicht verändert.«

»Sie sagen schreckliche Sachen.«

»Was habe ich denn gesagt?«

»So an eine Frau heranzutreten, die man nicht liebt.«

»Ach Gott. Das sind doch bloß konventionelle Worte. Ein anderer hätte an meiner Stelle gesagt, er liebe. Sie gefallen mir in vielen Beziehungen sehr, und man kann übrigens nicht Menschen hassen, die einen lieben.«

»Gehen Sie, gehen Sie«, sagte ich.

»Weshalb? Was habe ich denn so Schreckliches gesagt?« Und er setzte mir zu mit diesen Fragen, aber ich konnte nichts sagen. Ich kehrte ihm den Rücken. Er suchte sich zu rechtfertigen. Mir war so schwer zumute, ich wünschte ihn vor mir freizusprechen.

Du lieber Gott, was ist es denn? sagte ich. Bin ich krank, oder will ich mich selbst täuschen? Ich ergriff plötzlich seine Hände. »Umarmen Sie mich fest, fest, und dann gehen Sie!« Ich wollte für einen Augenblick Vergessen finden, mir einbilden, daß er mich liebe.

»Darf ich morgen wiederkommen?« fragte er.

»Nein«, sagte ich unter Tränen. Morgen verreise ich. Ich stieß ihn von mir und zog ihn wieder an mich und weinte bitterlich.

»Küssen Sie mich«, sagte er.

»Nein, nein!«

»Ich werde morgen kommen.«

»Nein!«

»Ich will Ihre Hand küssen.«

»Nein, nein!« Und wir trennten uns. Ich weinte noch lange, und es wurde immer schlimmer; aber ich beschloß zu reisen und fuhr auch weg.

In diesen Stunden von Gram und Verzweiflung dachte ich so viel an Gault; vielleicht hat der Gedanke an ihn, die Gewißheit seiner Freundschaft, seines Mitgefühls und Verständnisses mich auch gerettet. Dieser Freundschaft sicher, fühlte ich mich jenseits von meinem elenden Leben, fühlte ich mich imstande, mich darüber hinaus zu erheben. Jetzt erst begriff ich den Wert der Freundschaft und der Achtung von Menschen, die demselben Kreise entstammen, und ich fand in dieser Gewißheit, einen Freund zu besitzen, Mut, Kraft und Selbstachtung. Wird mein Stolz mich jemals verlassen? Nein, das wird nicht der Fall sein. Lieber sterben, lieber vor Gram sterben, aber frei, unabhängig sein von äußeren Dingen, seinen Überzeugungen getreu und vor Gott hintreten, die Seele genauso rein, wie ...

St. Petersburg, 2. November 1865. Heute war Fjodor Michailowitsch* bei mir und die ganze Zeit haben wir uns gestritten und einander widersprochen. Er bietet mir schon seit längerem seine Hand und sein Herz an und ärgert mich damit bloß.

Er sprach von meinem Charakter und sagte: In dem Falle, daß du einmal heiraten solltest, bin ich sicher, daß du bereits am dritten Tag deinen Mann hassen und ihn verlassen würdest. Ich dachte an Gault und sagte, dieser sei der einzige gewesen, der nicht nach einem »Ziel« gestrebt hätte. In seiner gewohnten Art erwiderte Fjodor Michailowitsch: »Dieser Gault hat wahrscheinlich doch nach einem Ziel gestrebt.«

Dann fügte er hinzu: »Später einmal werde ich dir etwas sagen.«

Ich bedrängte ihn, er solle es mir doch gleich sagen. »Du kannst mir nicht verzeihen, daß du dich mir einmal hingegeben

* F. M. Dostojewski.

hast, und willst dich an mir rächen. Das ist ein echt weiblicher Zug.«

Darüber wurde ich sehr aufgebracht. Er lud mich in Gegenwart von A. Ossip ein, mit ihm ins Theater zu gehen. Ich erwiderte: »Ich werde mit Ihnen nicht ins Theater gehen, weil ich es niemals getan habe; führen Sie diese Laune auf dieselbe Ursache zurück, die Sie vordem erwähnt hatten.«

»Sie erlauben also –«, sagte er.

»Was hat das mit Erlauben und Nichterlauben zu tun? Bei Ihrer subtilen Auffassung der Dinge müssen Sie ja unbedingt so, und nicht anders, denken.«

6. November 1865. Fjodor Michailowitsch war da. Wir unterhielten uns lange zu dritt, A. Ossip war gleichfalls anwesend. Ich sagte, ich wolle eine Heilige werden, ich werde barfuß im Kreml-Garten in Moskau tanzen und erzählen, Engel unterhielten sich mit mir, und dergleichen. Ich redete viel. Und diese O. glaubt doch wirklich, aus dem Madonnen-Heiligenbilde sei Butter geflossen, und deshalb ißt sie am Mittwoch niemals Fleisch. Zum Schluß sagte sie:

»Genauso hat auch Philipp Demidoff gesprochen, mußte aber dann zugeben, daß er Unsinn geredet habe.«

Das hat mich stutzig gemacht. Mir kam der Gedanke, wie leicht es doch sei, diesem Volke als abschreckendes Scheusal zu erscheinen. Ich faßte den Gedanken, über dieses Thema eine Novelle zu schreiben.

Briefe

1. F. M. Dostojewski an Polina Suslowa.

1. Brief

Wiesbaden, Dienstag, 22./10. August 1865.

Liebe Pola!

Vor allem: Wie bist Du angekommen? Zu meiner entsetzlichen Schwermut hat sich noch die Qual um Dich gesellt. Wie, wenn Du in Köln für die Weiterreise auch in der dritten Klasse nicht genug Geld übrig hättest? In diesem Falle bist Du jetzt in Köln, ganz allein und ratlos. Das ist entsetzlich! Das Hotel in Köln, die Droschken, die Ausgaben während der Reise – wenn es auch für das Billett gereicht haben mochte, so mußt Du sicher gehungert haben! Das rumort mir nun im Kopfe herum und läßt mir keine Ruhe!

Heute ist schon Dienstag, und um 2 Uhr nachmittags von Herzen noch keine Antwort da. Es wäre schon Zeit! Auf jeden Fall will ich bis übermorgen warten, und dann werde ich auch diese letzte Hoffnung aufgeben müssen. Eines ist mir jedenfalls klar, wenn von Herzen gar keine Nachricht kommt, beweist es, daß er sich jetzt nicht in Genf befindet, daß er also irgendwohin verreist ist. Ich kann diese Folgerung deshalb mit solcher Sicherheit ziehen, weil ich mit Herzen sehr gut stehe und es deshalb undenkbar ist, daß er mir überhaupt nicht antwortet, auch wenn er nicht in der Lage wäre, mir Geld zu schicken (oder nicht wollte). Er ist sehr höflich, und wir stehen ja auch in freundschaftlichen Beziehungen. Folglich, wenn gar keine Antwort eintrifft, beweist dies, daß er momentan nicht in Genf weilt.

Unterdessen hat sich meine Lage im höchsten Maße verschlimmert. Unmittelbar nach Deiner Abreise, am nächsten Tage ganz früh, wurde mir im Hotel mitgeteilt, es sei Auftrag gegeben worden, mir weder ein Mittagessen noch Tee oder Kaffee zu verabreichen. Ich forderte eine Erklärung; und der wohlbeleibte deutsche Wirt erklärte mir, ich »verdiente« das Mittagessen nicht und daß man mir von nun an nur Tee reichen werde. Seit dem gestrigen Tage erhalte ich kein Mittagessen und ernähre mich bloß von Tee. Und der Tee ist überdies abscheulich, ohne Himbeersaft. Mein Rock und meine Stiefel werden nicht geputzt, wenn ich rufe, kommt niemand, und die Dienerschaft behandelt mich jetzt mit unsagbarer, durch und durch deutscher Verachtung. Für einen Deutschen gibt es kein größeres Verbrechen, als ohne Geld zu sein und nicht rechtzeitig zahlen zu können. Es wäre ja alles recht zum Lachen, wenn es dabei nicht so unbequem gewesen wäre. Deshalb erwarte ich, falls Herzen kein Geld schikken sollte, noch größere Unannehmlichkeiten, etwa, daß meine Sachen mit Beschlag belegt werden und man mich einfach hinauswirft, wenn nicht noch etwas Schlimmeres. Scheußlich! Sollte es Dir, in Paris angelangt, auf irgendeine Weise möglich sein, Dir von Deinen Freunden und Bekannten Geld zu verschaffen, so schicke mir ein Maximum von hundertfünfzig Gulden oder aber soviel Du willst. Erhalte ich die hundertfünfzig Gulden, so kann ich diese Schweine hier abfertigen und in ein anderes Hotel übersiedeln, um dort das Geld abzuwarten; denn es kann ja gar nicht sein, daß ich nichts erhalten sollte, und Dir werde ich das Geld jedenfalls noch lange vor Deiner Abreise aus Frankreich zurückschicken. Erstens habe ich aus Petersburg (aus der Lesebibliothek) spätestens in zehn Tagen bestimmt auf die Züricher Adresse Deiner Schwester Geld zu erhalten, und zweitens Herzen. Wenn Herzen auch momentan nicht in Genf ist, so hat er die Stadt entweder für längere Zeit verlassen und es werden ihm natürlich alle Briefe nachgeschickt, oder aber er ist nur für kurze Zeit von dort abwesend, dann wird er natürlich gleich nach seiner Rückkehr antworten; auf diese Weise werde ich also auf jeden Fall bald eine Antwort von ihm erhalten. Mit einem Worte: Kannst Du etwas für mich tun, ohne Deine Lage selbst damit zu erschweren, so tue es. Meine Adresse ist noch die alte: Wiesbaden, Hotel Victoria.

Auf Wiedersehen, Du Liebe; ich kann nicht glauben, daß ich Dich vor Deiner Abreise nicht mehr sehen werde. An mich selbst mag ich gar nicht denken: ich sitze und lese fortwährend, um nicht durch körperliche Bewegung meinen Appetit zu erregen. Ich umarme Dich innig! Um Gottes willen, zeige niemandem diesen Brief und erzähle auch niemand davon! Ekelhaft!

Ganz Dein

F. D.

Schreibe mir ausführlich über Deine Reise, ob Du Unannehmlichkeiten gehabt hast. Gruß an Deine Schwester! Falls Herzen mir Geld schickt, noch bevor ich Deinen Brief erhalte, werde ich auf jeden Fall bei der Abreise aus Wiesbaden verfügen, daß Dein Brief mir nach Paris nachgeschickt werde; denn ich will ungesäumt hinfahren.

2. Brief

Donnerstag, 24./12. August 1865.

Ich fahre fort, Dich mit Briefen, und dazu noch mit unfrankierten, zu bombardieren. Hat Dich mein Brief von vorgestern erreicht (von Dienstag)? Bist Du selbst in Paris angelangt? Ich hoffe, heute von Dir eine Nachricht zu erhalten. Meine Lage ist scheußlich, *non plus ultra*; weiter geht es nicht; es müßte schon eine neue Reihe von Miseren und Garstigkeiten folgen, von denen ich vorläufig noch keine Ahnung habe. Von Herzen noch immer gar nichts; keine Antwort, kein Gruß. Jetzt ist es genau eine Woche, daß ich ihm geschrieben habe. Heute ist auch der Termin, an welchem ich mich meinem Wirte gegenüber verpflichtet hatte, die Rechnung zu begleichen. Was nun werden soll – weiß ich nicht. Jetzt ist es ein Uhr nachts. Es ist doch undenkbar, daß Herzen nicht antwortet. Sollte er wirklich nicht reagieren wollen? Das ist unmöglich. Weshalb sollte er dies tun? Wir stehen doch in ausgezeichneten Beziehungen, davon hast Du Dich ja selbst überzeugt. Sollte ihn jemand gegen mich aufgehetzt haben? Aber auch dann ist es unmöglich (noch weniger möglich sogar), daß er auf meinen Brief gar nichts antworten sollte.

Und deshalb bin ich bis jetzt noch überzeugt, daß mein Brief entweder verlorengegangen ist (was mir wenig wahrscheinlich vorkommt) oder daß Herzen zu meinem Unglück von Genf abwesend ist. Das Letzte ist am Allerwahrscheinlichsten. In diesem Falle also kann es so werden: 1. Er ist nur auf kurze Zeit verreist, folglich kann ich hoffen, dieser Tage, wenn er zurückkehrt, doch noch eine Antwort von ihm zu erhalten, oder 2. er ist für längere Zeit verreist; in diesem Falle wird ihm höchstwahrscheinlich der Brief nachgeschickt worden sein, wo immer er sich auch aufhalten sollte. Denn er wird doch sicherlich Vorkehrungen getroffen haben, daß ihm die an ihn adressierten Briefe nachgeschickt werden. Folglich kann ich auch in diesem Falle auf Antwort hoffen. Auf eine Antwort hoffen werde ich aber nur noch eine Woche – bis Sonntag. Und natürlich bloß hoffen. Meine Lage ist aber so, daß die bloße Hoffnung nicht mehr genügt!

Aber das alles ist nichts im Vergleiche mit meinen übrigen Qualen. Mich martert meine Untätigkeit, der Zeitverlust, die Unbestimmtheit dieses Wartens ohne sichere Hoffnung, und endlich dieses verfluchte Wiesbaden, welches mir jetzt so widerwärtig ist, daß mich die ganze Welt nicht freut. Unterdessen bist Du in Paris, und ich werde Dich nicht sehen! Auch die Sache wegen Herzen quält mich. Wenn er meinen Brief erhalten hat, und *nicht* antworten *will* – welche Demütigung und was für eine Handlungsweise! Habe ich das verdient? Und wodurch? Wegen meiner Unordentlichkeit? Zugegeben, ich war unordentlich; aber was ist das für eine bourgeoise Moral! Antworte wenigstens! Oder ich habe wohl die Hilfe nicht »verdient« (wie das Mittagessen bei dem Wirte)! Aber es kann nicht sein, daß er nicht antworten sollte, gewiß ist er momentan nicht in Genf. Ich bat Dich, mir auszuhelfen; wenn es Dir möglich ist, so nimm bei jemandem Geld für mich auf. Ich hoffe kaum darauf, Pola; aber wenn Du irgend kannst, so tue es für mich! Gestehe, daß es schwer ist, eine mißlichere und schwierigere Lage anzutreffen als die, in der ich momentan stecke. Dies ist mein letzter Brief an Dich, bis ich von Dir Nachricht habe.

Es kommt mir immer so vor, als würden meine Briefe im Hotel Fleures liegenbleiben und dann auch verlorengehen, wenn Du nicht dort bist. Ich frankiere nicht, weil ich keinen Groschen übrighabe. Ich bleibe noch immer ohne Mittagessen und lebe schon den dritten Tag von Früh- und Abendtee – und merkwürdig – ich habe gar kein besonderes Verlangen nach Essen. Schlimm ist nur, daß ich schikaniert werde und daß mir manchmal sogar eine Kerze versagt wird, wenn vom vorigen Tag noch ein winziges Lichtendchen übrigbleibt. Übrigens gehe ich täglich um drei Uhr aus und kehre erst um sechs Uhr zurück, damit es niemandem auffällt, daß ich gänzlich ohne Mittagessen bleibe. So ganz Chlestakow, aus Gogols »Revisor«!

Es ist wahr, mir bleibt noch eine ferne Hoffnung: nach einer Woche – spätestens in zehn Tagen, muß etwas aus Rußland kommen (über Zürich), aber bis dahin werde ich ohne Hilfe nicht gut aushalten können. Ich will übrigens nicht glauben, daß ich Dich in Paris vor Deiner Abreise nicht mehr sehen werde. Das kann nicht sein. Übrigens, in der Untätigkeit hat die Einbildungskraft solchen Spielraum. Und meine Untätigkeit ist vollkommen.

Adieu, meine Liebe. Wenn mir keine besonderen Abenteuer zustoßen sollten, werde ich nicht mehr schreiben. Auf Wiedersehen!

Ganz Dein Dost.

PS: Ich umarme Dich nochmals innigst. Ist Nadjesda Prokovievna schon gekommen und wann? Grüße sie!

3. Brief

4 Uhr.

Liebe Freundin Pola!

Eben habe ich eine Antwort von Herzen erhalten. Er war im Gebirge und deshalb ist der Brief verspätet angekommen. Geld hat er keines geschickt. Er schreibt, mein Brief sei zu einer Zeit gekommen, wo er selbst sich gerade in großer Geldverlegenheit befand. Vierhundert Franken könne er nicht senden; anders wäre es, wenn ich nur hundert bis hundertfünfzig Gulden benötigte; sollte mir dies genügen, um mich aus der Klemme zu ziehen, so würde er mir es schicken. Er bittet mich, ihm nicht böse zu sein usw. Sonderbar! Warum hat er nicht wenigstens die hundertfünfzig Gulden geschickt, wenn er selbst doch sagt, er wäre imstande, diesen Betrag zu schicken? Er hätte hundertfünfzig Gulden schikken sollen und dazu schreiben, daß er mehr zu senden nicht imstande sei. So macht man das! Eines aber ist dabei sicher: entweder ist er selber in der Klemme, hat also kein Geld, oder aber es tut ihm um das Geld leid, obgleich er doch nicht daran zweifeln konnte, daß ich es ihm zurückzahlen werde! Meinen Brief hat er ja in Händen. Ich bin doch kein verlorener Mensch. Wahrscheinlich steckt er selbst in der Klemme. Ihm noch einmal schreiben, ist meines Erachtens unmöglich! Was soll ich nun aber anfangen? Pola, meine Freundin, erlöse mich, rette mich! Bringe irgendwo hundertfünfzig Gulden auf. Mehr brauche ich nicht. In zehn Tagen kommt ganz gewiß von Woskobojnikow Geld nach Zürich (vielleicht auch früher) auf den Namen Deiner Schwester. Es wird zwar nicht viel kommen, aber doch nicht weniger als hundertfünfzig Gulden, und die werde ich Dir dann zurückgeben. Ich werde doch nicht auch Dich bewußt in solch eine mißliche Lage bringen! Das kann ja gar nicht sein! Berate Dich mit Deiner Schwester. Und jedenfalls antworte mir recht bald!

Ganz

Dein F. Dostojewski.

Jetzt weiß ich schon gar nicht mehr, was aus mir werden soll.

4. Brief

Dresden, 23. April/5. Mai 1867.

Dein Brief, meine liebe Freundin, ist mir bei Basulow sehr spät, unmittelbar vor meiner Abreise ins Ausland, übergeben worden, und da ich furchtbare Eile hatte, konnte ich Dir nicht früher antworten. Ich verließ Petersburg am Karfreitag (wie mir scheint, am 14. April); bis Dresden fuhr ich ziemlich lange, mit

Unterbrechungen, und deshalb habe ich erst heute Zeit gefunden, mit Dir zu sprechen.

Ich sehe, meine Liebe, daß Du nichts von meinen gegenwärtigen Umständen weißt; wenigstens wußtest Du davon nichts, als Du Deinen letzten Brief an mich schriebst. Ich habe nämlich im Februar dieses Jahres geheiratet! Dem Vertrag mit Stellowski entsprechend, war ich verpflichtet, ihm bis zum 1. November des vorigen Jahres einen neuen Roman von nicht weniger als zehn gewöhnlichen Druckbogen zu liefern, widrigenfalls ich ihm einen bedeutenden Schadenersatz zu leisten gehabt hätte. Gleichzeitig schrieb ich auch einen Roman für den »Rußki Westnik«, vierundzwanzig Bogen waren schon fertig, und es blieben mir noch zwölf Bogen zu schreiben. Nun kamen noch die zehn Bogen von Stellowski hinzu. Es war schon der 4. Oktober und ich hatte noch nicht einmal angefangen. Milukow riet mir, einen Stenographen zu nehmen und den Roman zu diktieren, wodurch es mir möglich sein werde, die Sache in einem Viertel der Zeit zu erledigen. Olchin, ein Professor der Stenographie, schickte mir seine beste Schülerin, und wir wurden denn auch bald einig. Meine Stenographin, Anna Grigorjewna Snitkina, war ein junges und ziemlich hübsches Mädchen, zwanzig Jahre alt, aus guter Familie, die das Gymnasium mit Auszeichnung absolviert hatte, ein außerordentlich gütiger und lauterer Charakter. Die gemeinsame Arbeit ging vortrefflich vonstatten. Am 28. Oktober war der Roman »Der Spieler« (jetzt bereits gedruckt) in vierundzwanzigtägigem Diktat fertig. Als wird beim Schluß des Buches angelangt waren, bemerkte ich, daß die Stenographin, wenn sie mir auch niemals ein Wort davon gesagt hatte, eine aufrichtige Neigung zu mir gefaßt hatte; mir wiederum gefiel sie täglich mehr und mehr. Da seit dem Tode meines Bruders mein Leben sich so öde und schwer gestaltet hatte, habe ich ihr einen Heiratsantrag gemacht; sie willigte ein, und nun sind wir vermählt. Die Altersdifferenz ist furchtbar groß, zwanzig und vierundvierzig, aber ich komme immer mehr zu der Überzeugung, daß ich sie glücklich machen werde. Sie hat Herz und versteht zu lieben.

Jetzt über meine Lage überhaupt. Zum Teil ist Dir bekannt,

daß ich nach dem Tode meines Bruders meine Gesundheit endgültig eingebüßt habe; die Zeitschrift machte mir viel zu schaffen, aber ich war von dem Kampf erschöpft, von der Gleichgültigkeit des Publikums und vielem anderen, und ich ließ es laufen. Überdies gab ich die dreitausend Rubel, welche ich für den Verkauf des Romans von Stellowski erhalten hatte, unwiderbringlich für eine fremde Zeitschrift her, für die Familie meines Bruders und die Bezahlung seiner Gläubiger. Der Schluß war, daß ich nun wieder in Schulden steckte, und diese betragen nun – die Passiven von der Zeitschrift zusammen mit den nicht beglichenen Schulden meines Bruders, die ich auf mich nehmen mußte – fünfzehntausend Rubel. In solch einer Lage war ich, als ich 1865, mit vierzig Napoleondors Kapital, nach dem Auslande ging. Dort wurde mir klar, daß ich nur aus eigenen Kräften diese fünfzehntausend Rubel werde zurückzahlen können.

Außerdem war ich nach dem Tode meines Bruders, der mir alles bedeutet hatte, des Lebens äußerst überdrüssig. Ich dachte, noch eine Seele zu finden, die mich erhören würde, aber ich fand sie nicht. Da stürzte ich mich in die Arbeit und begann einen Roman zu schreiben. Katkoff zahlte am besten, und so gab ich ihn Katkoff. Aber die siebenunddreißig Druckbogen des Romans und obendrein noch die zehn Bogen für Stellowski – hierfür reichten meine Kräfte nicht aus, wiewohl ich auch beide Arbeiten zu Ende geführt habe. Meine Epilepsie steigerte sich maßlos; immerhin aber habe ich eine Ablenkung gefunden und bin überdies dem Gefängnis entronnen. Der Roman (mit der zweiten Auflage) brachte mir vierzehntausend Rubel ein; davon lebte ich und überdies zahlte ich den Gläubigern von den fünfzehntausend Rubeln zwölftausend aus. Auf mir lastet also jetzt nur mehr eine Schuld von dreitausend Rubeln. Diese aber sind gerade die schlimmsten. Je mehr man den Gläubigern zurückzahlt, um so ungeduldiger und verrückter werden sie. Bedenke dabei, daß, wenn ich diese Schulden nicht übernommen hätte, die Gläubiger keinen Groschen gekriegt hätten. Sie wußten es selbst; sie baten ja, ich möge diese Schulden »aus Gnade« auf mich nehmen, und versprachen, mich unbehelligt zu lassen. Die Rückzahlung der zwölftausend Rubel steigerte bloß die Habgier derjenigen, die auf ihre Wechsel noch nichts erhalten hatten. Jetzt werde ich aber bis zum neuen Jahre kein Geld haben, und auch nacher nur dann, wenn ich die neue Arbeit beendet habe, an der ich jetzt schreibe. Wie soll ich sie aber zu Ende führen, wenn man mir keine Ruhe läßt? Deswegen bin ich mit meiner Frau ins Ausland gefahren. Außerdem erwarte ich dort eine Besserung meiner Epilepsie; in Petersburg war es mir in der letzten Zeit fast nicht mehr möglich zu arbeiten. Spät in die Nacht hinein wachen kann ich schon gar nicht; sofort kommt ein Anfall. Darum will ich mich hier erholen und die Arbeit vollenden. Bei Katkoff habe ich einen Vorschuß genommen. Er wurde mir gern gewährt. Dort wird gut honoriert. Ich habe Katkoff im vorhinein erklärt, ich sei Slavophile und ich teilte manche von seinen Meinungen nicht. Das besserte und erleichterte unsere Beziehungen bedeutend. In seinem Privatleben ist er der edelste Mensch von der Welt. Ich hatte ihn früher nicht richtig gekannt. Seine ungeheure Eigenliebe schadet ihm fürchterlich.

In den letzten Tagen in Petersburg begegnete ich Globina Brilkina und besuchte sie. Wir sprachen viel über Dich. Sie hat Dich lieb. Sie sagte zu mir, es hätte sie traurig gemacht, mich mit einer anderen glücklich zu wissen. Ich werde mit ihr korrespondieren, sie gefällt mir.

Dein Brief hat in mir einen schmerzlichen Eindruck hinterlassen. Du schreibst, Dir sei sehr traurig zumute. Ich weiß nichts über Dein Leben in diesem letzten Jahre, noch ist mir bekannt, was in Deinem Herzen vorgegangen ist; nach allem aber, was ich von Dir weiß, bist Du kaum fähig, glücklich zu sein. Oh! Du Liebe, nicht zu einem billigen, alltäglichen Glück rufe ich Dich! Ich verehre Dich und habe Dich immer geschätzt, gerade um Deiner hohen Aspirationen willen; dabei aber ist es mir doch ganz klar, daß Dein Herz nicht anders kann, als nach dem Leben zu verlangen. Und Du hältst die Menschen immer wieder entweder für unendlich überlegene, strahlende Wesen oder aber für Schurken und Nichtswürdige. Ich urteile auf Grund von Erfahrungen. Den Schluß aus all dem zu ziehen, muß ich Dir selbst überlassen. Auf Wiedersehen, Du, meine ewige Freundin!

Ich fürchte, mein Brief wird Dich nicht mehr in Moskau antreffen. Wisse auf jeden Fall, daß ich bis zum achten Mai unseres Stiles noch in Dresden bleibe (das ist das Minimum, vielleicht bleibe ich noch länger); und darum, wenn Du mir antworten willst, so antworte gleich nach Erhalt dieses Briefes: Dostojewski, Dresden, Saxe, Allemagne, Poste restante. Die weiteren Adressen werde ich Dir mitteilen.

Adieu, meine Freundin! Ich drücke und küsse Deine Hand!

Dein F. Dostojewski.

Konzept des Briefes von Polina an Dostojewski

Du ärgerst Dich darüber, daß ich geschrieben hätte, ich errötete über meine Liebe zu Dir. Niemals werde ich so etwas schreiben, und Du kannst mir glauben, ich habe nie Derartiges geschrieben oder zu schreiben beabsichtigt! Niemals bin ich wegen meiner Liebe zu Dir errötet; sie war schön, sie war herrlich! Daß ich wegen unseres früheren Verhältnisses errötet sei, das konnte ich Dir allerdings schreiben; aber das ist ja für Dich nichts Neues, das habe ich nie verhehlt; und oft genug vor meiner Abreise ins Ausland war ich entschlossen, unsere Beziehungen abzubrechen.

Ich gebe zu, daß es unnütz ist, darüber zu sprechen, ich hatte nichts dagegen einzuwenden, daß Du unser Verhältnis damals in Ordnung fandest.

Daß Du es niemals hast verstehen können – ist mir nun klar; es war Dir eben in Ordnung erschienen. Du benahmst Dich dabei wie ein ernster, vielbeschäftigter Mensch, der sich auf seine Weise mit seinen Pflichten auseinandersetzt und der dabei auch nicht vergißt zu genießen. Im Gegenteil! Du hieltest vielleicht das Genießen für eine Notwendigkeit, aus dem gleichen Grunde, aus welchem ein berühmter Arzt oder Philosoph zu behaupten pflegte, man müsse sich einmal im Monat betrinken! Du darfst nicht böse sein, daß ich mich so ungeniert ausdrücke. Du hast recht, aber ich habe ja niemals viel auf Formen und Zeremonien gegeben.

Brief von Polina Suslowa an Dostojewski

Versailles, Montag, Anfang Juni 1864.

Dieser Tage erhielt ich Deinen Brief vom zweiten Juni, und ich beeile mich, Dir zu antworten. Es scheint, Du bist einigermaßen konfus: Ich schrieb Dir aus Versailles und gab Dir meine Adresse an, Du aber zweifelst, wohin Du den Brief adressieren sollst: Nach Paris oder nach Versailles!

Genau in zwei Wochen fahre ich nach Spa. Heute habe ich es mit meinem Arzte endgültig beschlossen. Du kannst zu mir leicht nach Spa herüberkomen, es ist von Aachen ganz nahe, folglich machst Du keinen Umweg. Ich hätte eigentlich nicht gewünscht, mit Dir in Spa zusammenzutreffen, denn ich werde dort gewiß recht viel Trübsal blasen; andererseits werden wir uns sonst wohl lange nicht mehr sehen können, denn Du gedenkst, nur kurz in Paris zu bleiben, und ich werde nicht so bald nach Rußland zurückkehren. Ich weiß nicht, wie lange ich in Spa bleiben werde; ich gedachte ursprünglich bloß für drei Wochen hinzugehen; jetzt aber stellt sich heraus, daß ich entweder länger dort bleiben muß oder aber nur kurze Zeit, um in einen anderen Badeort zu gehen. Sollte meine Kur erfolgreich sein, so werde ich den Winter in Paris verbringen; wenn nicht – dann gehe ich nach Spanien, nach Valencia oder auf die Insel Madeira.

Was schreibst Du da für eine skandalöse Novelle? Wir werden Sie lesen, denn Eugenie Tur hat Gelegenheit, die »Epocha« zu erhalten. Aber es gefällt mir nicht, wenn Du zynische Sachen schreibst, das darfst Du nicht, das paßt nicht zu dem Bilde, das ich mir früher von Dir gemacht habe. Ich begreife nicht, wieso Dir mein Charakter zu gefallen aufgehört hat, wie Du das in Deinem letzten Brief geschrieben hast! Ich habe noch alle die Lobeshymnen in Erinnerung, die Du meinem Charakter einst gesungen hast, Lobeshymnen, die mich erröten machten und mitunter auch ärgerten: Ich hatte recht. Aber das ist so lange her, damals kanntest Du meinen Charakter noch nicht, sahst nur die guten Seiten von mir und ahntest nicht die Möglichkeit, daß ich mich zu meinem Nachteil änderte. Es ist ganz umsonst, daß Du Spa so lobst, dort muß es recht garstig sein. Ich hasse dieses Land wegen des Steinkohlengeruches. Du tröstest mich damit, daß in Brüssel die Wiskowatous sind; leider sind sie schon vor einer Ewigkeit nach Petersburg abgereist.

Lebe wohl! Ich hätte Lust, Dich zu sehen, so wie Du jetzt bist, nach Verlauf dieses Jahres, und wie Ihr dort jetzt alle denkt. Einmal, als Du mich bewegen wolltest, nach Rußland zurückzukehren, hast Du geschrieben, es gäbe dort jetzt so viel Schönes, es hätte sich ein so ausgezeichneter Umschwung in den Geistern vollzogen. Ich denke darüber ganz anders, aber die Ansichten sind verschieden.

Gewiß hängt meine Rückkehr nach Rußland nicht davon ab, ob die Leute dort jetzt richtig oder falsch denken; nicht darum handelt es sich.

Ich danke Dir, daß Du um meine Gesundheit besorgt bist, und für Deine Mahnungen, ich solle mich schonen. Diese Ratschläge sind verfehlt; man könnte mir viel eher vorwerfen, ich sei zu sehr um mich besorgt, als daß ich meine Gesundheit vernachlässigte. Dies ist ganz unberechtigt, und ich kann mir Deine Bemerkungen nur als eine Art der Courtoisie erklären.

2. Korrespondenz mit anderen Persönlichkeiten

Brief von Nadjesda Suslowa.
Meine liebe, teure Apollinarja!

Zürich, November.

Soeben habe ich Deinen und Vaters Brief bekommen und war wie wahnsinnig vor Freude! Euer allgemeines Schweigen kränkte mich sehr, und in der letzten Zeit hatte ich schon Besorgnis empfunden, jetzt aber sind die Briefe da und ich bin wieder beruhigt.

Diese ganze Zeit über hatte ich mich furchtbar gesehnt, und auch heute kam ich um sechs Uhr finster und mürrisch aus den Vorlesungen heim. Zu Hause wurden mir Eure Briefe überreicht: ich las sie und freute mich, ohne eigentlich zu wissen, worüber. Mein Nachbar spielte gerade auf dem Klavier russische Lieder und dies alles zusammen: Dein Brief und der Brief des Vaters und dieser Deutsche, der russische Lieder spielte, hat mich irgendwie aufgeregt und ich sitze wie benommen und bin bereit, bei der ersten besten Gelegenheit darauf loszulachen oder loszuweinen . . .

Gestern sah ich auf der Klinik einen merkwürdigen Kranken mit ungewöhnlichen Nervenanfällen. Er ist ein Pole. Der Arzt erzählte den Hörern von seiner tragischen Vergangenheit, welche zum Teil seine Krankheit bewirkt hatte. Die Hörer wendeten sich wiederholt nach mir um, der Kranke selbst schaute mich mit weitgeöffneten Augen unverwandt an . . . Ich senkte den Blick. Ich hatte ein sonderbares, beklemmendes Gefühl.

Was für ein bohrender Schmerz! Und S. N. Globina, die behauptet, nur Dummköpfe grämten sich! Frage sie, ob diese uns umgebenden Disharmonien, dieses Unbefriedigtsein mit dem Leben, nicht auch an ihr nagt? Sollte sie sich wirklich nicht grämen? Bangt ihr nicht vor dieser Unmöglichkeit, sich mit der Umgebung zu versöhnen? vor der Unwirklichkeit jener Welt, die wir uns erträumen?

Hand aufs Herz, möge sie darauf mit »nein« antworten! Leben! Du Leben! wieviel träumte ich von Dir, wieviel sinne ich, lerne ich Deinetwegen, und noch kein einziger Schritt vorwärts auf dem auserkorenen Wege. Noch immer bereite ich mich vor, noch immer ist meine Stunde nicht gekommen. Bis zu meinem zweiundzwanzigsten Jahre hatte ich mir den Kopf mit Theorien vollgestopft, über abstrakte Fragen nachgedacht, es vermieden, mich einer Neigung hinzugeben, mein Herz verschlossen und gesucht, gesucht nach Zielen, denen zu Liebe man leben sollte; gesucht, gesucht nach Wahrheit! . . .

». . . J'ai envoyé tous les spectres, j'ai lutté avec tous les démons, j'ai supplié tous les saints et tous les anges, j'ai sacrifié à toutes les passions.

Vérité! Vérité! Tu ne t'es pas révélée depuis dix mille ans, je te cherche et je ne t'ai pas trouvée!«

Hast Du wirklich George Sands »Lélia« noch nicht gelesen? Lies doch, um Christi willen! diesen Roman, er ist ja so schön!

Meine Einsamkeit hier, das Fehlen von allem Menschlichen ... versetzt mich manchmal in Raserei! Ich möchte ein menschliches lebendiges Wesen sehen, ein rechtes Leben! ...

Ich kenne mich mit mir nicht mehr aus. *»J'ai voulu glacer mon cœur par la solitude, par l'austérité, par la méditation, mais je n'ai réussi qu'à me fatiguer de plus en plus sans pouvoir accrocher la vie de mon sein.«* Das sagt Lélia.

Lies unbedingt diesen Roman. Ich war einfach krank von all den Eindrücken, die dieses Buch in mir hinterlassen hat, und jetzt lese ich öfters einige Gedanken daraus immer wieder, besonders die schmerzlichen.

Briefe von Gräfin M. E. Saliás (Eugenie Tur) an A. P. Suslowa.

1. Brief

Versailles, 24. Juni (1864).

Liebe Polinotschka!

Gerade wollte ich Ihnen schreiben, als Ihr zweiter Brief ankam. Ich freue mich sehr, daß Ihre Schwester Aussichten hat (vorläufig nur Aussichten), in Paris zu studieren. Sie aber dürfen auch nicht einmal daran denken, Spa zu verlassen, bevor Sie nicht ganz hergestellt sind. Bedenken Sie doch, daß Sie für den Winter Kräfte sammeln müssen. Meinen Sie wirklich, ich hätte Sie so leicht von Versailles fortgelassen, wenn ich nicht wüßte, daß Sie unbedingt eine Kur durchmachen müssen? Ohne Sie langweile ich mich sehr, besonders an den Abenden. Nach Ihnen ist eine seelische Lücke zurückgeblieben, und ich habe nichts, womit diese auszufüllen. Mit einem Worte – Sie fehlen mir in diesem Häuschen, in diesem Gärtchen, in diesem Winkel meines Herzens, wohin Sie sich geflüchtet und niedergelassen haben. Sehr freue ich mich, daß Sie sich in Spa wohl fühlen. Wagen Sie unter keinem Vorwande, Spa zu verlassen, bevor Sie nicht ganz geheilt sind! Sie sehen, ich schlage einen mütterlichen Ton an und befleißige mich der entsprechenden Ausdrucksweise.

Man muß Kräfte für den Winter sammeln. Da werden wir Vorträge besuchen, werden studieren und zuweilen auch ins Theater gehen. Nicht wahr? Ich hatte auch so einen guten Vater wie der Ihrige. Ich sage: hatte, weil er jetzt noch als und schwach ist; er liebt mich natürlich noch immer, aber er ist nicht mehr imstande, sich um mich zu sorgen, mir zu helfen. Man schreibt mir, er sei krank. Ich fühle, ich werde ihn nicht mehr sehen, und diese Krankheit wird damit enden, womit alle Krankheiten in diesem Alter enden. Wenn ich nur zu ihm fliegen könnte, aber eine Kluft trennt uns! Gott hat ihn mit den Söhnen nicht gesegnet, obwohl die anderen Kinder ihm gegenüber gute Kinder sind. Aber wie kann ich hinfahren, wenn sein Sohn bei ihm ist? Er ist imstande, Skandal zu machen und Schweinereien, und anstatt Freude würde ich meinem Vater mit meiner Ankunft nur Kummer und Angst bereiten. Es könnte noch sein Leben kürzen. Wenn ich so das Alter meines Vaters sehe, wünsche ich es mir nicht. Besser sterben als so von den geliebten Kindern ewig getrennt bleiben. So habe ich mich verplaudert; aber mir tut das Herz weh, und es ist mir eine Erleichterung, wenn ich einem guten Geschöpf wie Ihnen, welches mich versteht und mich ein wenig liebt, dies alles sagen kann. Sie lieben mich doch? Ja, recht bitter ist es zuweilen, liebe Polinka. Gestern war der Namenstag meiner Ola. Ich setzte mich allein zu Tische – stand auf – allein der Bissen blieb mir in der Kehle stecken. Man wird manchmal so kleinmütig. Es scheint mir dann, daß alle mich verlassen, sich von mir weggewendet, mich vergessen haben – in Wirklichkeit aber bin ich selbst es, die viele verlassen und sich von ihnen abgekehrt hat, und ich mühe mich auch zu vergessen – doch kann ich nicht. Ich meine damit nicht meine Kinder – Gott bewahre! Ich spreche von den politischen Freunden. Ich habe es nicht mehr ertragen und mich frei gemacht; aber diese Freiheit ist so öde! Sie wissen nicht, wie ich einst verwöhnt wurde, wie ich umringt war, wie man mir den Hof gemacht hat, wie man mich liebte. Und jetzt bin ich allein geblieben, oder fast allein. Jetzt frohlocken sie; mir aber und meinesgleichen ist es beschieden, jetzt um unsere getäuschten Hoffnungen Trauerkleider anzulegen.

Ein herrlicher Artikel von Herzen in der »Glocke«! Lesen Sie ihn, wenn diese Zeitschrift in Spa zu finden ist.

Ich habe an Sie eine Bitte, meine Liebste! Wenn Sie Geld haben, besorgen Sie für mich in Spa für fünfzehn Franken eine längliche Schatulle, etwas länger und breiter als dieser Schreibbogen. Sie haben ja das scheußliche Ding gesehen, in welchem ich meine Nadeln, Garn und Seide aufbewahre. Es wäre gut, wenn am Deckel oder an der Seite ein kleines Kissen angebracht wäre, um Stecknadeln hineinzustecken. Ich habe die Schatullen aus Spa furchtbar gerne. Blumen auf einem dunkelgrauen Hintergrunde. Man findet sie in allen Schaufenstern und Sie werden mit Leichtigkeit eine finden können. Wenn Sie nach Paris oder nach Versailles zurückkommen (ich gebe die Hoffnung nicht auf, daß Sie im September zu mir in mein Häuschen zurückkehren), werde ich Ihnen die Ausgabe vergüten.

Wo haben Sie in Belgien Deutsche hergenommen? Sind es vielleicht Flamen? Woher plötzlich Deutsche? Übrigens mag ich die Deutschen als Volk nicht; aber es gibt einzelne ausgezeichnete Leute unter ihnen. Die Franzosen hingegen liebe ich als Nation; als einzelne Menschen sind sie aber meistens trivial bis zum Ekel. Adieu! Ich umarme Sie!

2. Brief

Herbst 1864.

Mademoiselle Pauline Sousloff
chez Mademoiselle Stuart,
Rue des Fossé St. Victor 39
Paris.

Ich weiß nicht, ob Ihnen die Erzählung »Im eigenen Lande« gefallen hat, ich weiß aber, was in der Tat in unserem »eigenen

Lande« jetzt vorgeht. Beliebt es Ihnen, einiges davon zu hören? Vor kurzem dinierte ich mit einem Würdenträger aus Petersburg. Er erzählte mir, er selbst habe kürzlich mit Persönlichkeiten vom Kommando der Zitadellen und Festungen zu Mittag gegessen, die offen erklärten, daß dort gefoltert wird und daß man versucht, durch Foltern die Wahrheit herauszubringen. »Sie schweigt, die Canaille? Her mit der Peitsche! Der Kerl schweigt? . . . als ich aber befohlen hatte, ihm die Zunge zu lösen, da hat er auch gestanden!« Ein zweiter sagte: »Ich habe ihrer genug gehängt. Aber was hat man vom bloßen Hängen? Zuerst muß man die Leute zum Geständnis bringen.« Gefällt Ihnen das? »Im eigenen Lande«? Jetzt beschuldigt man in den Regierungs- und Gesellschaftskreisen die russische Jugend, sie hätte in Simbirsk und in anderen Städten das Feuer gelegt; die russische Jugend wolle also, gemeinsam mit der polnischen, Rußland in Brand stecken! In Simbirsk hat das »Volk« – dieses Volk, einfach Wilde, vor denen man jetzt kriecht – zwei Menschen in Stücke zerrissen. Wahrscheinlich wird eine Kommission ernannt werden, um die Brandstifter zu entdecken, und man wird sie schon entdecken. Mit Foltern kann man alles entdecken, alles was einem nur beliebt!

Noch etwas von dem vortrefflichen »Eigenen Lande«. Man suchte, auf welche Weise man die nach dem Auslande entflohenen jungen Leute zurückbekommen könne, und kam auf den ausgezeichneten asiatischen Einfall – es heißt zwar, daß es auch in Asien nicht mehr Brauch sei –, die Väter, Mütter, Kinder und Verwandten zu verhaften.

Jetzt muß Utin der Vater, statt seines Sohnes in die Festung wandern. Beruhigen Sie sich! Suworoff wird sich seiner schon annehmen. Außerdem ist Utin reich, er wird sich loskaufen. Aber mögen andere das probieren! Was sagt man zu unserem »Land«? Und die schreiben dort gar Romane: »Im eigenen Lande«. Ja! »In der eigenen Tatarei«! Und kein Mensch kümmert sich um dies alles, bloß darum, weil es so weit entfernt ist; und unsere Jugend wird niedergeschossen, unterdrückt und geht zugrunde!

Alles ist verflucht in einem Lande, in welchem solche Exzesse straflos verübt werden können! Es gibt keinen Weg. Dieses strömende Blut wird sich jetzt vielleicht mit neuen, aber »unverschuldeten« Blutströmen vermischen, und die Resultate? ... Vielleicht nach zweihundert Jahren, wenn Rußland, diese ungeheure, dumme, grausame und unwissende Theodora, nicht mehr bestehen wird; wenn nur einzelne slavische, kleine, aber freie Länder bestehen werden, vielleicht wird man dann leben können. Jetzt waltet in dieser Tatarei nur Gottes Fluch!

Ich habe Nachrichten über neue Verbannungen erhalten, darunter viele von den Unsrigen. Ich weiß nicht, wann ich wieder in Paris sein werde; sollte ich hinkommen, so sehe ich mich nach Ihnen um. Ich küsse Sie sehr herzlich. A propos! Eben habe ich die Unterschrift unter der vorhin erwähnten Erzählung bemerkt. »Im eigenen Lande« hat Leontjew geschrieben. Ich kenne ihn gut. Ein nicht ausstudierter Mediziner, der vor Ambition und Eitelkeit die Besinnung verloren hat; er ist von einer vernichtenden Ignoranz und, wie immer in solchen Fällen, von einem unermeßlichen Selbstbewußtsein. Der echte Abkömmling einer langen Ahnenreihe von Tscheremissen und Tataren!

3. Brief

Herbst 1864.

Ich war über Ihren Brief erstaunt. Womit wollen Sie dem allgemeinen Unglück eigentlich abhelfen? Übrigens ist sich fast niemand dieses Unglücks bewußt. Die eine Hälfte von den Leuten verhält sich demgegenüber gleichgültig, die zweite weiß gar nichts, hört gar nichts davon. Nur ein kleiner Teil weiß davon, aber noch drei Viertel dieses Teiles wollen gar behaupten, es seien nur Gerüchte, Lügen, Übertreibungen. Der ganze Staat, der ganze Administrationsapparat haben sich in eine Willkürherrschaft gestürzt, in Barbarei und Eigendünkel. Die Willkür herrscht schrankenlos; die Gesellschaft versinkt größtenteils in Apathie, und das Volk ist in Unwissenheit befangen, weiß von nichts und hat von allem keine Ahnung. In vielen Orten werden jetzt die Polen überfallen und, zur Freude der Regierung, wegen der Brandstiftungen in Stücke gerissen. Und Sie wollen hinfahren, um zu helfen? Besinnen Sie sich, Polinka! Es ist ja Wahnsinn! Womit kann man denn da helfen? Und wenn eine Möglichkeit zu helfen vorhanden gewesen wäre, hätten dann die Starken, die Klugen, die vielseitig Gebildeten nicht zu helfen versucht? Ich sage nichts mehr. Sie sehnen sich ... Sie wollen heimkehren ... kehren Sie heim, aber bilden Sie sich nicht ein, irgend jemand könnte jetzt wiedergutmachen, was irreparabel ist.

4. Brief

Neuilly, Rue Peronet, 16. Mai 1865.

Liebe Polinka!

Was sind Sie für ein sonderbares Wesen! Weggefahren, keine Adresse angegeben, kein Wort geschrieben, kurz, verlorengegangen! Ich mußte zufällig die Adresse Luginis in Erfahrung bringen, und bei dieser Gelegenheit wurde mir mitgeteilt, daß Sie im selben Hause mit ihm wohnen!

Ich war zu Ostern in Brüssel, ich liebe dort die russische Kirche und noch mehr meine Wirtsleute. Ich fuhr natürlich bloß für vier Tage hin, blieb aber dann mehr als zwei Wochen. Wenn man nach Brüssel gerät, weiß man niemals, wann man wieder wegfahren soll. Man verschiebt es von heute auf morgen und bleibt immer noch dort. Und was treiben Sie? Ich bekomme keine Nachrichten von Ihnen und sehne mich schon, Sie wiederzusehen! Hören Sie was aus Rußland? Ich vernahm, daß die »Epocha« Dostojewskis das Zeitliche gesegnet hat, daß der »Zeitgenosse«, das »Wort«, die »Vaterländischen Memoiren« und die »Bibliothek« in den letzten Zügen liegen. Alles dies beweist, wie reich man dort ist und wie man sich dort nach Lektüre sehnt. Man erzählt sich, Dostojewski habe seine Mitarbeiter um sich versammelt, und ihnen – wie es einem ehrlichen Menschen geziemt – das ganze Geld ausbezahlt, bis zu vierzig Silberrubel, worauf er die Zeitschrift liquidiert habe. Es ist alles recht traurig! Da habe ich es schon besser mit meinen Blumen und meinen Vögeln. Eine Zeit ist angebrochen, wo alle sich ergeben müssen. Nichts zu machen! Laßt uns alles von der fernen Zukunft erhoffen!

5. *Brief*

(Poststempel: 29./VI.–65) 28. Juni.

Liebe Polinka!

Mich wundern die Gemeinheiten in Petersburg nicht. Neulich habe ich auch hier ein Muster davon gesehen. Sie sind ein ehrliches Geschöpf, Polinka, und wenn Sie herkommen, dann werde ich Ihnen einiges erzählen. Vorläufig schweigen Sie ganz darüber. Ich will keine Voraussetzungen und keine Kommentare. Utin mit seiner Frau sind irgendwo in einem Badeorte. Ich denke, das ganze Gerede über sie ist nur Klatsch. Wir Russen sind sehr reich an Klatschgeschichten, und diese unterscheiden sich von den europäischen nur durch ihren unanständigen Charakter. Grobheit, Laster, Verleumdung – das ist der russische Klatsch; es ist nicht ein einfaches Durchhecheln, sondern . . . etwas viel Abscheulicheres!

Ich küsse Sie. Sie wären in jeder Hinsicht ein herrliches Mädchen . . . – wenn Sie nicht in den Petersburger Sumpf hineingeraten wären, wo Ihnen der Kopf verwirrt und aufgewühlt wurde! Aber Sie haben einen unschätzbaren, unzweifelhaft großen Vorzug: Ihr zartfühlendes Herz, Ihre unbestechliche Ehrlichkeit und Ihre Aufrichtigkeit! Christus sei mit Ihnen! Ich bete zu Gott, er möge Sie mit wahrhaftem Lichte erleuchten

6. *Brief*

Köln, 4. Januar 1866.

Liebe Polinka!

Gestern erhielt ich Ihren lieben Brief und beeile mich, ihn zu beantworten.

Erstens die Frage wegen der Bücher. Ich glaube, es ist am besten, anfangs ein einfaches Lehrbuch über die Geschichte Englands zu lesen; so was wie Lorenz oder ähnliches, um die nackten Tatsachen zu erfahren. Und nacher Macaulay. In der Einleitung zur Geschichte des Hauses von Oranien erzählt er fast die ganze Geschichte Englands. Man könnte auch die Geschichte Cromwells von Guizot lesen, aber das ist ein langweiliges Buch. Übrigens werde ich mich erkundigen. Ja, wenn Sie die englische Sprache beherrschten, da gäbe es eine Menge Bücher!

Jetzt zu Ihnen selbst! Ich freue mich, daß Sie mit Ihrer Familie zusammen sind. Das will sagen, daß man Sie liebt, verwöhnt und verhätschelt, wie es sich auch schickt einer guten Tochter und einem lieben Mädchen gegenüber. Ich freue mich, daß Sie sich nicht mehr ärgern wie in Paris und daß Sie lachen. Aber auch dieses Lachen ist traurig, und ich fühlte aus Ihrem Briefe Mißmut heraus. Wenn die Krämerinnen in den Dörfern – Sie wissen, ich gebrauche dieses Wort nicht als Ausdruck der Verachtung, sondern für einen gewissen Bildungsgrad – die »Meeresklippe« und ähnliche Bücher lesen, wenn sie von der Frauenemanzipation reden und sich darunter vorstellen, man verlasse seinen Mann und die Kinder, um mit dem Geliebten in der Welt herumzuspazieren – dann ist das arg genug. Betrachtet man dies alles zusammen, so ist es entsetzlich! Buckle, die Nihilisten, die Patrioten, die Naturwissenschaften, die Sittenverderbnis zum Prinzip erhoben; von der einen Seite die Wilden, von der anderen die Russomanen, von der dritten die Schellenläuter, von der vierten die roten Sozialisten; und in der Mitte die Frauen, als die Hüterinnen der Familie, die Mütter und Erzieherinnen der Kinder – die im Taumel den Kopf verlieren, die in der Unwissenheit und im Laster oder bis zum Halse im Schmutz stecken und sich dabei einbilden, sie liefen hinter dem Fortschritt her, ja, sie hätten ihn schon eingefangen! Was soll nur aus all dem werden? Glauben Sie mir: Es ist die Zersetzung der Gesellschaft. Das ist stets ein Vorbote der Katastrophe! Es hat mir weh getan, bis zu Tränen weh, als ich Ihren Brief gelesen habe! Wenn es schon auf die Dörfer übergegriffen hat, wo ist dann die Rettung? Das Unvermeidliche vollzieht sich.

Da ist sie schon, die Nemesis, von der ich Ihnen immer redete, Polinka, von der ich sagte, ihr Erscheinen sei das erste Aufleuchten der Vergeltungsfackel, die sie in den Händen trägt. Ich kann mich ja irren, aber ich bin innerlich tief davon überzeugt!

Sie tun gut, daß Sie sich prüfen wollen. Ohne daß man dies tut, ist es schwer, sich frei zu bewegen. Was Sie mir über Warenka N. schreiben, ist ungerecht. Mich hat Gott mit Verstand beschenkt – so sagt man –, sie hat er mit etwas Besserem beschenkt – mit einem großen Herzen. Die Größe dieses Herzens zu ermessen ist unmöglich. Man muß im Laufe von zwölf Jahren all den Segen empfunden haben, der auf denjenigen ausströmt, den sie liebt, um richtig zu schätzen, wie sie lieben kann! Ich vermag nicht so zu lieben. Solch einer schrankenlosen Hingabe, solcher Zärtlichkeit, solcher unendlichen Fürsorge begegnet man im Leben äußerst selten! Ich kenne keine außer ihr. Wenn man von der Rahel behauptet, solche Genies würden nur einmal in Jahrhunderten geboren, so glauben Sie mir: solche reine, selbstlos liebende Herzen gehen aus Gottes Händen noch viel seltener hervor; sie sind nicht von dieser Welt! Ich bin überzeugt, daß ihr eben im Sinne des Evangeliums beschieden ist, ins Himmelreich einzugehen. »Selig sind, die reinen Herzens sind, denn sie werden Gottes Antlitz schauen« – wird von ihr gesagt werden.

Man hat mich aufgefordert, für die »Vaterländischen Memoiren« zu arbeiten; ich habe es abgelehnt. Wir sind für diese neue Gesellschaft zu alt oder zu veraltet und vielleicht auch zu gebildet, jedenfalls aber viel zu menschenfreundlich. Sie interessiert sich für die Geschichte des Magens, für die Abstammung des Menschen von den Affen, für die letzten Konvulsionen eines Gehängten . . ., wir aber, Leute wie ich, was können wir schreiben? Literatur, Kunst – das ist ja alles Unsinn und unnützes Zeug, Sachen, die man verbrennen sollte, so wie das Schloß und das Museum von Versailles – erinnern Sie sich noch? Aber Sie werden gewiß fragen, was ich machen werde? Ich weiß es nicht! Vorläufig will ich für Kinder schreiben – ich will es versuchen; doch glauben Sie mir, mein Wunsch wäre es, überhaupt gar nichts mehr zu schreiben, mit Ausnahme meiner Memoiren;

diese aber können erst nach meinem Tode erscheinen. Vorderhand habe ich nichts zum Leben. Aber meine Schwester, die immer lieb und hilfsbereit ist, schrieb mir, sie könne mir ein wenig Geld schicken. Es ist immerhin eine Stütze. Dieser Vorfall hatte noch eine andere Wirkung, er ist meinem Sohne sehr nahe gegangen. Er wollte abreisen und hat dies nun aufgegeben. Alles – die Nachrichten bei Euch zu Lande und die neue Richtung und die Unverfrorenheit der neuen Sitten – dies alles stößt ihn ab. Er hat sich entschlossen hier zu bleiben, er hat seine Pläne; aber Pläne eines anderen gehören nur ihm allein, und ich kann also darüber nicht sprechen; wenn das gelingen würde, wäre ich beruhigt und beglückt. Wie es Gott bescheren wird! Es kommen manchmal junge Leute zugereist, aber von denen kann man Ansichten hören wie etwa die, ein Liebesverhältnis zwischen Bruder und Schwester sei an sich nichts Verdammenswertes und eine vollkommen natürliche Sache!!! Wir anderen sind schon überlebt, und wir klammern uns noch krampfhaft an die alte christliche Moral. Manchmal kommen auch Grundbesitzer hierher; zwei haben mich besucht, einfache, ehrliche, unkluge und auch nicht besonders gebildete Menschen . . . Aber ich habe nun auch gelernt, solche zu schätzen; die sagen wenigstens keine Scheußlichkeiten. Jetzt sind sie schon abgereist. Ich bin nun selbst im Begriffe zu verreisen, nach Fontainebleau, für acht Tage zu Besuch. Ich bin von einer Grippe noch nicht ganz hergestellt, die ich mir geholt habe, als ich am Sylvesterabend nachts auf dem Pariser Boulevard promenierte. Man kann sich kaum vorstellen, wie entzückend Paris war diese zwei Tage vor Neujahr und am Neujahrstage selbst! Stellen Sie sich warmes Wetter vor, Sternenhimmel, Myriaden von Lichtern in den Läden, Hunderte, Tausende Spaziergänger, alle zu Fuß. Equipagen waren fast keine zu sehen, denn alles geht zu Fuß in die Läden, und die Leute kaufen Geschenke ein. Ich sah zwei Puppen in dem Schaufenster einer Zuckerbäckerei. Die eine stellt das Kaiserreich im Jahre 1806 vor, die andere jenes – im Jahre 1866. Beide sind herrlich, stilgemäß gekleidet. Ich konnte sie mir nur von der Ferne ansehen, denn es war unmöglich, in der Menge vorwärts zu kommen. Ebenso war das Gedränge bei Giron, aber ich ging doch hinein. Die Eleganz der Sachen und das Arrangement sind unausdenkbar! Ich glaube, Sie sind niemals vor Neujahr auf den Boulevards herumgeschlendert, um in die Läden hineinzuschauen. Schade, denn solche Herrlichkeiten kann man nirgends wieder beisammen sehen. Und dieses bewundernswerte Publikum! Hunderttausende von Menschen, und kein Geschrei, kein Gedränge, kein Diebstahl! Sagen Sie, was Sie wollen, aber der Westen ist eben doch etwas: Bildung! Erziehung! Was man Frankreich auch Übles nachsagen möge – dadurch aber leuchtet es allen voran; ich meine durch diese Wohlerzogenheit der Menge. Paris wieder blendet mit dem Luxus seiner Kaufläden, mit der Eleganz der Schaufenster und der Herrlichkeit seiner Beleuchtung. Den Sylvesterabend verbrachten meine ausländischen Bekannten bei mir. Unser Neujahr werden wir nur in russischer Gesellschaft verbringen, ich meine nämlich jene beiden Russen, die uns besuchen. Ich werde Ihrer gedenken, Polinka, ich werde Sie im Geiste küssen und Ihnen alles Gute wünschen. Gott geben, daß Sie einen guten, ehrlichen Menschen liebgewinnen mögen, ihn heiraten und ehrliche Kinder erziehen. Das ist für eine Frau das beste. Das Mädchenleben ist einsam, und ich will sogar behaupten – freudlos. Das Weib bedarf der Liebe. Vergessen Sie nicht, daß ein Mann, ein Junggeselle stets eine Freundin, ein Verhältnis hat, . . . die Frau aber, die Ledige ist stets einsam. Vor allem aber ist das Weib zur Mutter geschaffen, und ihr Leben ist ohne Zweifel leer, wenn sie keine Kinder hat, besonders im reiferen Alter; und wenn eine Frau weder Kinder noch einen Mann hat, dann ist ihr Dasein schon furchtbar leer und freudlos. Ich habe noch nie ein älteres Mädchen glücklich gesehen; jede von ihnen, auch die Klügste und Ernsteste, beklagte sich immer über drückende Einsamkeit und Leere, die weder von der Wissenschaft noch von der Kunst hinweggetäuscht werden konnte.

Aber es ist schon Zeit, daß ich schließe! Ich küsse Sie von ganzem Herzen! Sollte Gott mir beistehen, so daß ich mich in Versailles einrichten kann, dann werde ich Sie als Gast zu mir bitten; das ist aber noch Zukunft! Vorläufig adieu! Wünschen Sie mir

Ruhe, ich bedarf ihrer notwendig. Ich bin müde, sogar abgehärmt. Es ist Zeit auszuruhen; doch kann man ohne Geld auch nicht ausruhen, folglich kommt alles auf das eine hinaus: Wünschen Sie mir, daß mir alle die erhalten bleiben, die ich liebe, und Geld nur so viel, als es zum Leben ohne Sorge notwendig ist. Dann ist es die Ruhe, dann ist es das Glück. Nun adieu, ich küsse Sie herzlich, so wie ich Sie liebe!

Zwei Briefe von Frau Ogariowa an Polina Suslowa

1. Brief

Erste Hälfte Juni 1865.

Liebe Apollinarja Arkadjewna!

Die Bücher habe ich erhalten; kann ich Ihnen vielleicht irgendwie nützlich sein? Befehlen Sie! Die Zeit geht rasch vorüber, und ich freue mich, daß ich Sie und Ihre Schwester bald wiedersehen soll!

Es wäre mir eine große Freude, wenn Sie nach Bern hinüberführen. Herzen war mit der Schule höchst zufrieden. Olga* geht übermorgen hin. Es ist eine Schule fürs Volk, und es sind jetzt zu ihrem Studium verschiedene Leute aus Rußland eingetroffen; ich möchte gerne, daß Sie mit diesen Herren zusammenkommen, es könnte Ihnen vielleicht für Ihre Pläne nützen.

Von mir kann ich heute nichts erzählen. Ich bin noch immer wie in einem Nebel. Ich weiß nicht einmal, ob meine Schwester kommt oder nicht, es scheint, sie kommt nicht. Bis jetzt ist noch unentschieden, wo wir diesen Winter verbringen. Lesen Sie die »Glocke«? Wann fahren Sie nach Rußland? Sie würden lachen, wenn Sie sähen, wie ich mir physische Arbeit aufbürde. Je mehr,

* Olga, die liebreizende Tochter Alexander Herzens, die nach dem Tode ihrer Mutter, im Jahre 1861, von Malwida v. Meysenburg, der bekannten Verfasserin der »Memoiren einer Idealistin« an Kindes Statt angenommen wurde. Sie hat dann 1873 den angesehenen Historiker Professor Gabriel Monod von der Pariser Sorbonne geheiratet; beide sind mit Friedrich Nietzsche eng befreundet gewesen. (D. H.)

desto besser! Wer mich wirklich liebte, sollte mich niemals von physischer Arbeit zu verschonen suchen, selbst dann nicht, wenn es meiner Gesundheit Schaden brächte; man wird dabei abgehärtet, und es wird einem verständlich, vor wie vielem fruchtbaren Leide die Arbeit die Bauern errettet. Mich zieht es nun ins Kloster, aber in ein Kloster, wo keine Religion wäre, nur strenge Satzungen, unausgesetzte Arbeit und Grabesstille. Sie sagen: nein! Ich weiß es: Sie brauchen Leben. Nun ja, Sie haben recht, weil Sie selbst voll des Lebens sind!

Ich drücke herzlich Ihre Hände, drücken Sie für mich die Ihrer Schwester! Warum schreiben Sie so wenig von ihr? Wie geht es Mme. Saliás? Sollten Sie irgendwann in Erfahrung bringen, womit ich mich ihr nützlich erweisen könnte, so bitte es mich wissen zu lassen, nicht wahr? Ich kann ihr nicht zurückzahlen, was sie für mich getan hat, aber ich will mir die große Freude gönnen, ihr wenigstens einmal vor dem Tode dienen zu können. Ihre Hand! Auf Wiedersehen.

Ganz Ihre

Natalie.

Mir scheint, ich habe mir das Schreiben ganz abgewöhnt.

2. Brief

Ende Juni oder Anfang Juli 1865.

Ich wollte Ihren Brief sehr ausführlich beantworten, aber stellen Sie sich nur vor, daß ich keinen freien Augenblick habe! Mlle. Turner ist ernstlich erkrankt, ihre Krankheit erinnert an die Ihrige, aber sie ist noch schwerer. Der Arzt sagt, sie müsse nach England zurückkehren und dort schon für immer in einem Krankenhause bleiben. Es ist ein großer Jammer um die Arme! Ich habe mich über Ihren Brief sehr gefreut, arbeiten Sie, mühen Sie sich, ich wünsche Ihnen und Ihrer Schwester aus vollem Herzen Erfolg. Trachten Sie danach, den Gedanken der Frauenemanzipation ernstlich durchzuführen, die von dem Rechte der Frauen auf Leben und auf Arbeit; überzeugen Sie die Ungläubigen durch den Ernst Ihres Lebens, durch strenge Selbstzucht. Sie alle, die neue Wege bahnen, sind nicht ganz Herren ihres Lebens, dieses Leben gehört der Sache, man muß vieles Persönliche opfern, um in dieser alten Welt eine neue Idee zu verwirklichen. Ich schicke Ihnen die letzte Broschüre von Herzen »Über Literatur«. »La France ou l'Angleterre« konnte ich bis heute nicht bekommen. Wenn es mir gelingt, schicke ich es Ihnen.

Lesen Sie »Vom anderen Ufer« mit Ihrer Schwester. Mit jedem Tage wird die Ansicht Herzens über Europa klarer. Amerika und Rußland treten immer deutlicher hervor; in Europa hingegen hört man nur ein unverständliches Lallen der Furcht und der Bewunderung. Nach hundert oder zweihundert Jahren wird man über Herzens Ahnungen staunen; man wird vielleicht zweifeln, ob er auch wirklich das alles gesagt hat, genau wie man jetzt Shakespeare anzweifelt.

Adieu, meine teure Polina, schon wieder ist mir der Name Ihres Vaters entfallen. Entschuldigen Sie mich. Sie wissen ja, daß ich ein bißchen auf den Kopf gefallen bin. Was unsere Pläne betrifft, so kann ich vorläufig noch nichts Bestimmtes sagen. Es wäre ein Glück für mich, aber die Mittel sind zu knapp. Sollte was Positives daraus werden, so will ich es Ihnen auch sofort mitteilen. Mlle. Meysenbug meint, Sie täten gut daran, falls Sie Schullehrerin werden wollten, auf dem Wege nach Rußland die beste Schule Europas zu besichtigen. Diese Schule befindet sich in Frankfurt. Wir können alles Nähere erfahren, und die Meysenbug kann hinschreiben, wenn Sie es wünschen.

Ich drücke fest Ihre Hand und danke Ihnen von Herzen für Ihren lieben Besuch. Einen freundschaftlichen Gruß für Ihre Schwester!

Ganz Ihre N.

Der Eine und Einzige

Novelle

1

Der Zug aus Moskau näherte sich Petersburg, eine Station nach der anderen glitt vorüber, immer neue Fahrgäste stiegen ein und aus; dennoch wollte es dem ungeduldigen Losnitzki scheinen, als komme er nur sehr langsam vorwärts. Er war der Reise bereits mehr als müde; hatte er doch schon zwei Wochen hindurch, bald in der Postkutsche, bald auf dem Schiff, bald in der Eisenbahn, weite Strecken zurückgelegt, ohne sich irgendwo länger aufzuhalten. Dem Ziel seiner Reise war er entgegengeeilt, als flüchte er vor einer trüben Schwermut, von der er sich unausgesetzt verfolgt und vorwärts gejagt fühlte.

Zuerst hatte er die Absicht gehabt, in Moskau eine Woche zu verbringen; als er aber dann die altbekannten Straßen seiner Heimatstadt wiedersah, die er einst als Jüngling durchwandert hatte, voll von Plänen und Hoffnungen, da hatte sich ihm das Herz zusammengekrampft. Er war in das Hotel gefahren, um sein Zimmer nicht eher zu verlassen, als bis es Zeit war, den Zug nach Petersburg zu besteigen. Dann hatte er, während der Fahrt nach dem Bahnhofe, düster und scheu aus dem Fenster des Wagens gestarrt, während in seiner Seele Zweifel und Anklagen gegen das Schicksal wühlten.

Nun aber trennten ihn nur noch wenige Stationen von Petersburg. Während sich seine Reisegenossen über die Bequemlichkeiten der Eisenbahn unterhielten, blickte er durch das Fenster und gab sich seinen Gedanken hin, die immer wieder zu der bangen Frage zurückkehrten: »Wie wird sie mir begegnen? Liebt sie mich noch? Und wie, wenn sie mich nicht mehr liebt? . . .«

Der Zug durchfliegt soeben die letzte Station und wird in wenigen Minuten am Ziel sein. Losnitzkis Herz schlägt schneller bei dem Gedanken: »Nur noch wenige Stunden, und ich halte sie in meinen Armen. Gleich nach meiner Ankunft kann ich ja nicht zu ihr, denn es ist noch früh, und auch ich muß mich ein wenig erholen.«

Nun betritt er sein Hotelzimmer, stellt seinen Koffer nieder und wirft Überzieher und Mütze auf den Diwan. Dann geht er mit großen Schritten auf und ab. »Ich muß ein wenig ausruhen«, denkt er, »mein Kopf schmerzt, meine Nerven sind abgespannt.«

Er legt sich auf den Diwan, doch kann er kein Auge schließen. »Was soll dieser Lärm auf dem Korridor? Welche schrille Frauenstimme! Das Zuschlagen der Türen! Wie früh die Leute hier aufstehen! Wer wohl meine Nachbarn sein mögen? Ich höre sie sprechen, höre wie das Kind weint, wie das Teegeschirr klappert! Sollte ich nicht auch etwas Tee trinken? Nein, vielleicht später, jetzt habe ich keine Lust . . . Sie hat sich bestimmt verändert; aus ihren Briefen sehe ich, daß sie noch ernster geworden ist. Ihr letzter Brief war so sonderbar – sie hat ihn wohl in ganz eigenartiger Stimmung geschrieben!«

»Und was wollte sie damit sagen, als sie schrieb, sie gedenke der Vergangenheit und sei traurig? Traurig, worüber? Daß die Vergangenheit vorbei ist oder daß sie überhaupt jemals gewesen ist? . . . Schon wieder dieser Lärm auf dem Korridor und in den Straßen! Als ich noch in Moskau auf der Nikitskaja wohnte, da war es wohl auch lärmend genug, aber mich kümmerte das nicht: Ich brauchte mich nur in meine Bücher zu vertiefen, und alsbald war alles ringsum wie ausgelöscht, alles, bis auf meine Gedanken. Und welche Gedanken! Welche Kühnheit, welch ein Schwung! Damit ist es jetzt zu Ende . . .«

Vergebens bemühte sich Losnitzki, seine Aufmerksamkeit auf die Zimmernachbarn zu konzentrieren, von wo nun noch deutlicher das Klappern des Teegeschirrs zu vernehmen war; aber es gelang ihm nicht, seine unruhige und trübe Stimmung zu verscheuchen. So ließ er denn seinen Gedanken freien Lauf und wehrte sich nicht länger dagegen, daß ihn alsbald wieder die gewohnte Schwermut überkam. Er fing nun an, seinen Schmerz und seine Qual zu genießen, sich mit krankhafter Freude darein zu versenken: Er betrauerte zugleich seine Vergangenheit und fürchtete die Zukunft, während ihn das Bewußtsein seiner Ohnmacht quälte.

Es hatte bereits zwölf geschlagen, Losnitzki aber lag noch immer ausgestreckt auf dem Diwan und starrte nach der Decke; eine weitere Stunde verging, ehe er sich erhob und sich umzukleiden begann. Unruhig und ungeduldig dachte er, daß er nun bald die Verwirklichung seiner Träume erleben sollte.

2

Gegen zwei Uhr trat Losnitzki vor die Türe eines kleinen Hauses und zerrte ungeduldig an der Klingel. Endlich tat sich die Türe auf, eine alte Dienerin trat heraus und musterte den Besucher mit mißtrauischen und unzufriedenen Blicken.

»Ist Anna Pawlowna zu Hause?«

»Sie ist zu Hause«, antwortete die Dienerin mürrisch und führte Losnitzki durch einen kleinen Vorraum in einen düsteren Salon mit soliden, aber abgenützten Möbeln. Er nahm an dem runden Tisch Platz und blickte ängstlich auf die geschlossene Tür nach den inneren Gemächern; seine Aufregung steigerte sich mit jedem Augenblick. Doch es war nicht jene Erregung des Jünglings, in welcher sich der Übergang von höchster Hoffnung zu quälendem Zweifel widerspiegelt, jenes Schwanken, das Sympathie einzuflößen vermag: Losnitzkis Nervosität entsprach den Gefühlen eines Mannes mit zahlreichen trüben Erfahrungen, seine Freude äußerte sich in einer Art krankhaften Zustandes, seine Erregung in stummer und düsterer Qual.

Etwa zehn Minuten hindurch verharrte er so in unbeweglicher Haltung, während Tropfen kalten Schweißes auf seine Stirn traten und sein Antlitz einen unangenehm wirkenden Ausdruck mürrischer Spannung annahm. Endlich ließ sich aus dem Nebenzimmer das Knistern eines Frauenkleides und das Geräusch von Schritten vernehmen; die Tür öffnete sich, und eine schöne junge Frau trat ein. Ihr blasses Antlitz sprach von Schmerz und Kummer, zugleich aber auch von unerschütterlicher Kraft und beseelter Leidenschaft, wie er den Zügen der Madonnen und der Märtyrerinnen zu eigen ist.

Bei ihrem Eintritt fühlte Losnitzki alle Zweifel und jedes Mißtrauen schwinden; er spürte nur die tiefe Freude des Wiedersehens. Er trat auf sie zu und streckte ihr beide Hände entgegen, sie aber zog sich, mit einer Geste verlegener Scham, plötzlich zurück und verhüllte ihr Antlitz.

»Was hast du, Anna?« rief er betroffen.

»Weshalb bist du gekommen?« fragte sie mit schmerzlicher Stimme.

Fassungslos starrte er sie an und bemühte sich, den Sinn ihrer Worte zu begreifen, während sein Herz zugleich mit schmerzlicher Gewißheit diesen Sinn zu verstehen begann. Sie faßte schweigend seine Hand, führte ihn zum Diwan und ließ sich neben ihm nieder; eine Weile hindurch wechselten die beiden kein Wort.

»Hast du meinen Brief nicht erhalten?« begann sie nach einiger Zeit unvermittelt, ohne ihn anzusehen, aber auch ohne seine Hand freizugeben. »Ich bat dich, du mögest nicht kommen!«

»Ich sollte nicht kommen? Warum?«

»Weil es zu spät ist«, entgegnete sie kurz und abgerissen.

»Zu spät!« Losnitzki wiederholte diese Worte gedankenlos, während ein schwarzer Nebel vor seinen Augen aufstieg. »Anna«, begann er dann, nach einem langen, bedrückenden Schweigen, »ich muß alles wissen! Erkläre mir alles, wenn du mich nicht töten willst!«

»Du hast recht!« erwiderte sie, von seiner Trauer erschüttert und zugleich im Innersten ratlos. »Ich muß dir alles erzählen, aber nicht hier! Meine Tante könnte jeden Augenblick hereinkommen! Fahren wir zu dir! Wo bist du abgestiegen?«

Ohne eine Antwort abzuwarten, verließ sie das Zimmer und kehrte nach einigen Minuten mit Hut und Mantel zurück. Der Wagen, mit der Losnitzki gekommen war, stand noch wartend vor dem Hause. Während der Fahrt durch die breiten Straßen schwiegen beide beharrlich. Die junge Frau blickte unverwandt aus dem Fenster und ließ die Hand des Freundes nicht einen Augenblick frei; ihr Gesicht war blaß, doch von ruhigem und ernstem Ausdruck. Losnitzki, in die Ecke des Wagens zurückgelehnt, wurde von Zeit zu Zeit von einem Schauer ergriffen und preßte krampfhaft ihre Hand. So verging eine halbe Stunde, bis der Wagen sein Ziel erreicht hatte.

Als Anna an Losnitzkis Arm das Tor des Hotels durchschritt, grinste ein ihnen begegnender Diener; kaum hatte er jedoch die Gesichter des Paares genauer erblickt, als er eiligst kehrt machte und durch die nächste Türe verschwand.

Losnitzki und Anna traten in das Zimmer. Anna wollte etwas sagen, Losnitzki aber unterbrach sie alsbald.

»Ich habe dich verloren!« schrie er auf, fiel ihr zu Füßen und schluchzte laut.

Lange bemühte sich die junge Frau, ihn durch Güte und Sanftmut zu beschwichtigen; es dauerte geraume Zeit, bis er einigermaßen zur Besinnung kam.

»Nun erzähle!« sagte er endlich und blickte mit einem Ausdruck grenzenloser, beinahe väterlicher Zärtlichkeit in ihr trauriges, strenges Gesicht.

»Ich habe dir nicht viel zu erzählen«, entgegnete sie leise. »Ich liebe einen anderen – das ist alles!«

Er lachte krampfhaft auf, um sich alsbald einem Anfall wilden Schmerzes zu überlassen.

»Schon seit langem?« erkundigte er sich endlich.

»Ich hatte immer auf dich gewartet«, erwiderte sie lebhaft, mit einem schwachen Anflug von trauriger Ironie, »aber als er mir seine Liebe erklärte, verlor ich die Besinnung!«

»Wer ist er? Du schriebst mir öfters von deinem Gesangslehrer – ist es dieser Italiener?«

»Ja.«

»Ist er jung, klug, schön?«

»Wozu diese Fragen?« flüsterte die junge Frau, wobei ihr das Blut in die Wangen stieg.

Wieder vergingen einige Augenblicke in beiderseitigem Schweigen. Losnitzki betrachtete Anna mit naiver, fast kindlicher Neugier, als forsche er in ihren Zügen nach den Spuren ihres neuen Erlebnisses. Aber es schien ihm, daß sie die gleiche geblieben sei; sogar ihre Haartracht und ihr Kleid waren unverändert.

»Liebst du ihn sehr?« fragte er endlich.

»Ja«, erwiderte sie nachdenklich.

»Ich habe es ohnedies gewußt; es konnte ja nicht anders sein! Du hast dich ihm hingegeben? Er kommt täglich zu dir?«

Die junge Frau blickte rasch auf, und rote Flecken brannten auf ihrem Gesicht. Ihre Augen funkelten unter ihren zusammengezogenen Brauen, und ihr Gesicht straffte sich hoch auf.

»Schweig!« rief sie gepreßt.

»Anna«, erwiderte er stürmisch und ergriff ihre Hand, »du darfst mich nicht mißverstehen! Ich liebe und achte dich wie eine Heilige! Ich sorge mich um dein Glück, als wärest du meine Tochter, mein einziges Kind!«

Sie fühlte, daß er aufrichtig sprach, und drückte dankbar seine Hand.

»Bist du glücklich, Anna?«

Sie gab keine Antwort, als hätte sie die Frage überhört, aber in ihrem Gesicht bebte es.

»Anna! Wäre es möglich? Sage mir, um Gottes willen, ob du glücklich bist!«

»Ich weiß es nicht«, brachte sie mühsam hervor. »Bisweilen scheint es mir, als liebte er mich nur wenig!«

»Er liebt dich nicht?« rief Losnitzki entrüstet. Dann griff er sich verzweifelt an den Kopf und begann im Zimmer auf und ab zu laufen.

»Anna, höre mich an!« sagte er endlich, außer sich vor Aufregung. »Du bist noch so frei, wie du es bisher gewesen warst, auch ihm gegenüber? Du bist nicht seine Sklavin? Nein, das ist nicht möglich! Wie konntest du dich nur so weit hinreißen lassen? Er versteht es wohl, schön zu sprechen, stolz und anmaßend aufzutreten?«

»Er ist sehr jung«, entgegnete sie mit rätselhaftem Lächeln, »und spricht nur wenig, niemals aber Phrasen. Als ich ihn zum erstenmal gesehen hatte, wußte ich, daß dieser Mensch nicht lügen könne!«

»Was tut er hier in Petersburg?«

»Er studiert. Dann wird er ins Ausland reisen.«

»Und du wirst ihn begleiten?«

»Ich werde zu meinem Onkel aufs Land fahren«, sagte Anna, in Tränen ausbrechend.

Dann sprachen beide von nebensächlichen Dingen, von dem Leben in Petersburg, von verschiedenen Menschen, denen sie begegnet waren. Er erzählte von seinen Reisen, und sie hörte ihm mit großem Interesse zu; ihre eingestreuten Bemerkungen waren ein wenig schroff, wie sie sich denn auch sonst durch geringe Mäßigung, sei es im Lob, sei es im Tadel, ausgezeichnet hatte.

»Du bist doch immer die gleiche«, meinte Losnitzki, »zu schroff und zugleich viel zu vertrauensselig! Du wirst im Leben viel zu leiden haben.«

»Mag sein!« erwiderte sie. »Ich werde oft irren, aber ich will nicht aufhören, an die Menschen zu glauben! Es muß auch gute Menschen auf der Welt geben!«

»Alle sind gut, Anna! Bist du schon einem wahrhaft schlechten Menschen begegnet? Aber wem nützt diese Güte?«

Anna hob den Kopf und blickte ihn verwundert, fast erschreckt an; dann versank sie wieder in Gedanken und schwieg.

»Du wirst mir doch auch weiterhin schreiben, Anna! Wir bleiben doch Freunde?«

»Ja«, erwiderte sie und reichte ihm ihre Hand. »Weshalb blickst du mich so finster an? Du bist mir böse, aber es ist ja nicht meine Schuld!«

»Ich weiß es, ich weiß es! Aber nicht darum handelt es sich! Ich kann nicht so leicht meiner Gefühle Herr werden. Ich bin nicht mehr allzu jung, und in meinen Jahren ist die Liebe mehr als ein bloßes Spiel. Du hast für mich sehr viel bedeutet. Deine Liebe war mir zuteil geworden wie eine Gnade Gottes, unerwartet, ungeahnt, unverhofft. Dein junges Leben neben mir hatte mir neue Hoffnung geschenkt, mir den Glauben an das Leben und die Reste meiner Kraft wiedergegeben!«

»Und welchen Gebrauch hast du von meiner Liebe gemacht?« dachte Anna, aber sie sagte kein Wort.

»In dir«, fuhr er fort, »habe ich mein ganzes früheres Leben wiedergefunden. An dich und deine Treue habe ich unerschütterlich geglaubt! Nie hätte ich gedacht, daß eine Trennung von einem halben Jahr genügen würde, um dies alles wieder zunichte zu machen. Aber nun ist mir alles klar: Du hast mich niemals wirklich geliebt! Blicke mich nicht so streng an, Anna, ich sage nur die Wahrheit! Du hast mich nie geliebt, sondern einen anderen in mir! Damals, als das Schicksal uns zusammenführte, glaubtest du, ich wäre der Rechte, denn um dich war niemand, der deiner würdig gewesen wäre. Ich habe das alles zu spät begriffen und war so verblendet, glücklich sein zu wollen!«

Nach einer längeren Pause, während welcher er die junge Frau lange wehmütig angesehen hatte, begann er von neuem: »Vielleicht kommt noch einmal ein Augenblick, da ich dir helfen kann! Solltest du jemals von Verzweiflung und Leid übermannt werden und keinen einzigen Menschen in der Nähe haben, dann sollst du zu mir kommen, zu deinem Bruder, deinem Freund! Willst du mir das versprechen, Anna?«

»Ja«, erwiderte die junge Frau mit einem Ausdruck von Ergriffenheit, der Losnitzki bis zu Tränen rührte.

»Hast du Kummer oder Widerwärtigkeiten zu ertragen?« fragte er nach längerem Stillschweigen.

»Nein«, entgegnete sie leise, ohne ihn anzusehen.

Er beobachtete sie durchdringend.

»Bist du gestern mit ihm beisammen gewesen?«

»Nein.«

»Warum nicht?«

Sie schwieg und bemühte sich, ihre Erregung niederzuringen. »Er ist nicht hier«, sagte sie endlich in Verzweiflung und unter Tränen. »Er ist verreist!«

»Verreist? Ohne Abschied?«

Anna blickte rasch auf, als sie diesen Ausruf vernahm. Ihre Tränen versiegten, und sie musterte Losnitzki ruhig, ja beinahe kalt.

»Er kommt wohl bald zurück?« erkundigte sich Losnitzki trokken, durch ihre stolze Bewegung verletzt.

»Gewiß«, entgegnete sie eifrig, »ich verstehe nur nicht, weshalb er so plötzlich wegfahren mußte. Er war in solcher Eile, daß er mir nur einige unklare Worte hat schreiben können.«

Losnitzki erhob sich und ging unruhig im Zimmer auf und ab. »Das ist sehr sonderbar, Anna«, sagte er endlich und blieb vor ihr stehen, »sehr sonderbar! So plötzlich zu verreisen –«

»Er ist sehr jung«, sagte sie. »Überdies weiß er nicht, wie sehr ich ihn liebe!«

Losnitzki seufzte. »Leb wohl, Anna«, murmelte er dann unvermittelt.

»Du willst schon gehen?«

»Ja, es ist Zeit – ich habe allerlei Geschäfte zu erledigen!«

Sie trennten sich. Losnitzki ging in sein Zimmer zurück, doch dieses erschien ihm nun so öde, daß er es alsbald wieder verließ. Er streifte lange ziellos durch die Straßen, ohne etwas zu sehen, ohne sich irgendwo aufzuhalten. Erst spät am Abend kehrte er, erschöpft und mißmutig, zurück, warf sich auf den Diwan und starrte nach der Decke; zuweilen stöhnte er schmerzlich.

3

Einige Tage waren vergangen. Als Losnitzki eines Morgens, eben erwacht, sinnend im Bett lag, klopfte es an seiner Tür.

»Wer ist's?« fragte er, ohne zunächst aufzustehen.

»Ich bin's!« erwiderte eine leise Frauenstimme, deren Klang Losnitzkis Herz stille stehen ließ.

»Anna!« rief er, sprang aus dem Bett, zog sich eilig an und öffnete die Tür. Anna trat, in Pelz und Kapuze gehüllt, ins Zimmer; als sie ihren Schleier zurückstreifte, erbebte Losnitzki, denn ihr Gesicht war von tödlicher Blässe und Strenge. In ihren starren, geradeaus gerichteten Augen lag Wahnsinn und Entsetzen.

»Was ist dir, Anna«, rief Lonitzki bestürzt.

»Nichts«, antwortete sie, »ich möchte dich nur sprechen. Komm zu mir, denn hier kann ich nicht gut bleiben!«

Als Losnitzki kurze Zeit darauf in Annas Wohnung vorsprach, trat sie ihm ruhig, beinahe heiter entgegen.

»Ich bin gerade beim Frühstück«, bemerkte sie, ein wenig lächelnd, »darf ich dir eine Tasse Tee anbieten?«

»Vielen Dank – bitte, bemühe dich nicht!«

Sie erhob sich und begann im Zimmer auf und ab zu gehen, während sich ihre Wangen röteten und ihr Gesicht einen krampfhaft verzerrten Ausdruck annahm. Endlich blieb sie mit gesenkten Augen vor ihm stehen und ließ sich dann auf dem Diwan nieder.

»Mir ist etwas Schreckliches zugestoßen«, begann sie langsam, beinahe feierlich, »und ich möchte dich bitten, mir alles zu erklären, über mich zu richten. Du entsinnst dich wohl noch der Umstände, unter denen wir uns kennengelernt haben: Wir hatten uns in einem öden abgelegenen Nest getroffen, wo ich, an der Seite eines verhaßten Mannes, unter fremden und verständnislosen Menschen leben mußte. Unsere gemeinsame Lage und unsere gemeinsamen Empfindungen brachten uns einander näher, bis ich endlich, halb erschrocken, halb glücklich, in deine Arme stürzte, aus Angst, ich könnte dich wieder verlieren. Es war nicht die Verzweiflung allein, die mich dazu trieb, mich dir hinzugeben: du hattest mir von deiner Wiedergeburt gesprochen, und ich glaubte, ich würde darin Erlösung, ein Ziel und eine Zuflucht finden. Doch ich habe nichts gefunden als Schmach und Kummer . . .«

Sie hielt inne und barg ihr Gesicht in den Händen. Losnitzki schwieg, von der grausamen Bitterkeit ihrer Worte tief verletzt, und blickte sie unverwandt an. Sie fuhr fort:

»Die Umstände, unter denen unsere Beziehungen begonnen hatten, wurden mir bald durch ihre Zweideutigkeit unerträglich, aber ich brachte es nicht über mich, sie wieder abzubrechen und von dir zu lassen. Als sich mein Geist gegen diese unwürdige Lage immer heftiger auflehnte, mein Herz sich empörte, meine Gesundheit darunter zu leiden begann, faßte ich den Entschluß zu verreisen, in der Hoffnung, eine neue Umgebung und neue Menschen würden meine Schwermut zerstreuen. Aber ich blieb auch in der großen Stadt einsam, noch einsamer vielleicht, als ich vordem gewesen war. Da begegnete ich ihm! Dieser lebendige Mensch fesselte mich vom ersten Augenblick an, denn alles an ihm unterschied sich von den Männern, denen ich bis dahin begegnet war. Weder sein Verstand noch seine Bildung vermochten mich zu bezaubern, aber alles, was er tat und sprach, trug den Ausdruck seiner Persönlichkeit, zeugte von jenen Eigenschaften, die ich an allen anderen Männern bisher vermißt hatte, von Leidenschaft, Kühnheit und Einfachheit. Ich fühlte mich in seiner Nähe wohl, unbeschwert und frei. Als er mir das erstemal von Liebe sprach, war ich glücklich und wußte, daß ich entweder diese Liebe erwidern oder fliehen müsse. Ich forderte keine Beweise und keine Beteuerungen, denn jedes Wort, jede seiner Gesten schien mir unbedingtes und unbestrittenes Glück zu verbürgen . . .«

Sie hielt inne. Die Erinnerungen gewannen solche Gewalt über sie, daß sie ihre Umgebung vergaß und nicht mehr wußte, zu wem und worüber sie sprach. Losnitzki beobachtete sie scharf und fragte dann endlich:

»Nun, und weiter?«

Sie kam zur Besinnung, und ihre Wangen erglühten.

»Er heiratet«, sagte sie fest und blickte Losnitzki gerade in die Augen.

Losnitzki war über diese Nachricht nicht erstaunt, er nahm sie vielmehr so ruhig entgegen, als habe er etwas Ähnliches seit langem erwartet und sei damit nicht unzufrieden.

4

Sechs Monate später lag Anna auf dem Diwan eines behaglichen, hellen Zimmers, in einem kleinen, von Blumen umrankten Häuschen einer süddeutschen Stadt. Die Hände fest auf die Brust gepreßt, die Wimpern gesenkt, schien sie zu schlafen, ihre schwarzen Haare waren in langen aufgelösten Strähnen über das Kissen gebreitet. Ihr Antlitz sprach von jener Ruhe, wie sie nur durch schweres, langes, langes Leid erworben wird. War es Ergebung in das Schicksal oder sichere Zuversicht in eine nahe, glückliche Zukunft?

Als Losnitzkis hochgewachsene, hagere Gestalt ins Zimmer

trat und leise an der Tür stehen blieb, richtete sie sich ein wenig auf, stützte sich auf den Ellenbogen und sah ihn mit sanften, verträumten Blicken an. Losnitzki trat auf sie zu und setzte sich neben sie auf einen Stuhl. Während sie ihren trüben Gedanken nachhing und darüber grübelte, weshalb denn ein Fluch den Menschen jeden Genuß an den Gaben dieser Erde vergälle, blickte er in ihre schönen Züge und bemühte sich vergebens, ein Gefühl heimlicher Hoffnung und schmerzlich süßer Freude zu unterdrücken.

Bisher hatte ihn nur der Wunsch erfüllt, Anna zu zerstreuen und zu beruhigen, jetzt aber, nach so vielen Monaten gemeinsamen Aufenthalts in der Fremde, erhob sich in ihm immer häufiger ein anderer Wunsch und eine schönere Hoffnung.

»An was denkst du?« fragte er, um auf andere Gedanken zu kommen.

»Woran ich denke?« erwiderte sie gedankenvoll. »Ich dachte an die Zeit, da ich zum erstenmal nach Petersburg fuhr, an meine damals gehegten Hoffnungen und daran, wie diese Hoffnungen sich erfüllt haben. Wie schwer ist es mir doch geworden, diese Stadt wieder zu verlassen! Als ob ich dort teure Gräber zurückgelassen hätte!«

»Darfst du so denken?« fragte Losnitzki herzlich. »Dein ganzes Leben liegt ja noch vor dir! Du sollst ja erst jetzt deine geliebte Idee verwirklichen – ist denn das nichts?«

Sie bewegte leicht den Kopf, gab jedoch keine Antwort und starrte wieder auf den Balkon hinaus.

Die geliebte Idee verwirklichen . . . unbestimmt lag der Gedanke vor ihr, der alle Saiten ihres feinfühligen Wesens erzittern ließ. Etwas Sonderbares regte sich in ihr, doch zugleich tauchte ein Gedanke auf, der ihr jetzt zum erstenmal mit voller Klarheit zum Bewußtsein kam: »Ich bin jetzt wieder frei! Die Zeit der sklavischen Furcht ist vorüber, ich habe nichts mehr, wovor ich mich ängstigen müßte, habe nichts mehr zu verlieren! Der glückliche Traum, dieses Hirngespinst einer müßigen Phantasie, diese elende Zuflucht für Feiglinge und Kleinmütige, ist zerronnen, und an seine Stelle ist die nackte Wirklichkeit, das trockene, hungrige, harte Leben getreten. Nun heißt es, sich selbst erkennen, seine Stütze in sich selbst finden!«

Lange Zeit hing sie ihren Gedanken nach und schien die Anwesenheit Losnitzkis völlig vergessen zu haben. Das verdroß ihn; er stand rasch auf und wollte aus dem Zimmer gehen.

»Wohin?« fragte Anna und hob den Kopf vom Kissen.

»Ich glaube«, erwiderte er, seine Aufregung niederkämpfend, »meine Anwesenheit stört dich! Vielleicht wünschest du jetzt allein zu bleiben?«

»Nein«, erwiderte sie kurz, ohne seine Erregung zu beachten, »wenn du da bist, ist mir wohler!«

Bei diesen Worten wandte er sich rasch um, blieb jedoch gleich wieder stehen und ging dann langsam auf den Tisch in der anderen Ecke des Zimmers zu. Anna forderte ihn auf, sich näher zu ihr zu setzen.

Sie sprach nun von ihrem Egoismus während dieser viermonatigen Reise und erklärte, sie wisse wohl, daß sie sich unausgesetzt mit ihrer eigenen Person beschäftigt und seine zärtliche Fürsorge kaum beachtet habe. Sie beeilte sich nun, ihm zu versichern, sie wisse das alles wohl zu würdigen: Er habe mehr für sie getan, als er selbst wisse. Die Reise und die Gegenwart eines Freundes, der sie mit kräftigen Worten aufrechterhalte, habe sie von der furchtbarsten Verzweiflung errettet, und sie habe schon lange die Absicht gehabt, ihm dafür aus ganzem Herzen zu danken.

»Ich konnte es dir nicht sagen«, meinte sie, »denn ich bin zu oft ungerecht gegen dich gewesen. Vor meiner Abreise aus Petersburg habe ich sogar einmal behauptet, deine Liebe hätte mir nur Leid gebracht. Das war eine Lüge. Ich bin bei dir sehr glücklich gewesen!«

»Du verstehst es, gute Worte zu sagen, Anna!« bemerkte Losnitzki, als sie endlich in trauriger Bewegung geendet hatte. Sie erwiderte nichts und verfiel alsbald von neuem in ihre frühere Versunkenheit, während er nur an sie und an ihre freundlichen Worte dachte. Er deutete jetzt auch ihr Schweigen zu seinen Gunsten, als wolle sie damit das Letzte wortlos andeuten. Sie bewegte ihren Kopf, und das Licht fiel auf ihr Antlitz. Er sprang plötzlich auf, stürzte vorwärts, hielt dann aber, verlegen und unentschlossen, inne.

»Was ist dir?« fragte sie ruhig und blickte dabei nach der Decke.

»Ich wollte das Fenster schließen«, stammelte er unsicher.

»Nun, dann schließe es.«

»Nein – es ist nicht nötig«, brummte er und setzte sich wieder.

»Du weißt nicht«, fügte er nach kurzem Schweigen hinzu, »was jetzt in mir vorgegangen ist!«

»Was denn?« fragte sie ängstlich, hob den Kopf und sah ihn mit erschreckten Augen an.

»Du wirst mir nicht böse sein?«

»Weswegen?«

»Ich wollte soeben auf dich zueilen und deinen Fuß küssen, aber ich stolperte über den Teppich, und das brachte mich zur Besinnung –«

Annas edles, keusches Gesicht überzog sich mit Schamröte; sie sah in diesem Augenblicke aus wie ein verzagtes, junges Mädchen.

»Wozu das alles?« fragte sie mit flehender Stimme, während sie unwillkürlich den schmalen Fuß unter dem Saum des Rokkes verbarg.

»Verzeih mir«, bat er beschämt.

»Gerne; aber sprich nicht mehr darüber.«

Ihre Großmut war nicht danach angetan, der Eigenliebe Losnitzkis zu schmeicheln. Er versuchte, ein banales Gespräch einzuleiten, aber dies wollte ihm nicht so recht gelingen. Mit steigender Hartnäckigkeit und Leidenschaft vergruben sich seine Blicke in sie, und er vergaß während des Sprechens, was er eigentlich hatte sagen wollen. Anna bemerkte seinen Zustand und wurde unruhig.

»Gehst du bald auf dein Zimmer?« fragte sie.

»Weshalb?«

»Ich – möchte schlafen . . .«

Losnitzki küßte schweigend ihre beiden Hände, traf aber

keine Anstalten aufzubrechen, so daß sie ihn einige Minuten später wieder daran mahnen mußte.

»Ich habe so gar keine Lust, dich zu verlassen«, seufzte er, stand jedoch auf, küßte nochmals ihre Hände und verließ das Zimmer.

Als Anna allein zurückgeblieben war, verriegelte sie die Türe hinter ihm und warf sich dann angekleidet auf das Bett, wo sie lange Zeit bewegungslos liegenblieb. Sie dachte über ihre Situation nach und fühlte sich von einer unangenehmen Empfindung bewegt; endlich schlief sie ein, ohne sich ausgekleidet, ja ohne die Lampe verlöscht zu haben.

5

Am nächsten Tag stand Anna sehr spät auf, und Losnitzki mußte im Nebenzimmer lange Zeit auf sie warten. Das Frühstück stand vor ihm, aber er dachte nicht daran, zuzugreifen. Er ging im Zimmer auf und ab, blieb manchmal stehen, lauschte den Geräuschen aus Annas Zimmer oder sah zum Fenster hinaus.

Endlich erschien Anna. Sie war ruhig wie immer, und ihre Haltung sprach von wehmütiger Hoheit. Er begrüßte sie etwas verlegen und setzte sich mit ihr zum Frühstück. Es wollte ihm scheinen, als betrage sie sich heute besonders hochmütig und spöttisch, während er selbst sich unsicher fühlte und es ihm lange Zeit nicht gelang, den richtigen Ton zu finden.

Endlich veranlaßte ihn ihre aufrichtige Schlichtheit zu einer schweigenden Handlung. Traurig, aber mit edlem Entschluß reichte er ihr die Hand. Sie sah ihn halb überrascht, halb verständnisvoll und dankbar an. »Anna«, sagte er endlich, »ich habe mich gestern verrückt und miserabel benommen! Kannst du mir verzeihen?«

Freudig versprach sie ihm, die Ereignisse des vergangenen Tages vergessen zu wollen, während er ihr beteuerte, er habe die Reise mit ihr ohne jeglichen Hintergedanken angetreten. Er erklärte, wie er, allein unter lauter fremden Menschen, einen Augenblick lang seine klare Vernunft verloren hätte, und schwor ihr, von nun an nur ihr treuer Freund sein zu wollen.

Anna glaubte seinen Worten, ebenso wie er selbst daran glaubte, und sie war bereit, ihm ruhig ihre Zukunft anzuvertrauen.

Sie verbachten den ganzen Tag in gemeinsamen Spaziergängen und Gesprächen, wobei Losnitzki verschiedene Probleme erörterte. Er gefiel sich in seinen Konstruktionen umso mehr, als Anna ihm anscheinend mit Interesse zuhörte. Aber diese glückliche Stimmung währte nicht länger als einen Tag; dann bemächtigten sich seiner wieder abwechselnd Langeweile, Ärger, Sehnsucht und Trauer. Er wurde düster und gereizt und verließ ganze Tage hindurch sein Zimmer nicht.

Wenn er unbeweglich in einem Winkel saß oder stundenlang schweigend im Zimmer auf und ab ging, blickte die junge Frau mitunter verstohlen nach ihm und fühlte, wie sich ihr eigenes Herz mutlos zusammenschnürte. Sie gab sich dann Rechenschaft darüber, wie seine Liebe und seine rücksichtsvollen Bemühungen doch so wenig vergolten wurden, und dieses Bewußtsein lastete auf ihr.

Als er einmal in seinem Zimmer saß und, den Kopf in die Hand gestützt, müde und traurig vor sich hinstarrte, ging Anna mehrmals an der offenen Türe vorüber und blickte nach ihm hin. Er sah sie nicht oder gab wenigstens vor, sie nicht zu sehen.

Da trat sie plötzlich in das Zimmer, ging auf ihn zu, kniete vor ihm nieder und sah ihm voll in die Augen.

»Verzeih mir!« sagte sie einfach, während sie seine Hände ergriff.

Er ließ seinen Blick mit erkünsteltem Gleichmut auf sie niedergleiten und lächelte.

»Verzeih mir!« wiederholte sie und sah ihn so sanft, liebevoll, traurig und flehend an, als wollte sie ihr ganzes Herz vor ihm ausschütten.

»Diesen Blick kenne ich«, sagte Losnitzki ergriffen und strich ihr sanft über das Haar. »Ich habe ihn lange schon entbehrt!«

»Warum bist du so traurig? Warum kannst du nicht froh sein?« flüsterte sie vor sich hin, als suchte sie nach Worten.

»Laß das – was fällt dir ein! Warum ich nicht froh bin? – Ich weiß es selbst nicht!«

»Bist du mir böse?«

»Unsinn!« entgegnete Losnitzki, unwillkürlich seufzend. »Mir ist elend zumute«, fügte er dann ernst hinzu, »alles ringsum ist mir fremd und widerwärtig. Ich bin auf Reisen gegangen, um dich zu zerstreuen und zu beruhigen – und nun reisen wir schon vier Monate lang kreuz und quer durch die Welt, du aber bist noch immer traurig und hast für nichts Interesse!«

»Du kennst mich doch – ich bin immer so«, entgegnete sie leise.

»Früher – ja! Aber jetzt, da du frei bist, da du tun und lassen kannst, was du willst –? Sage mir, was fehlt dir eigentlich?«

»Nichts und alles! Meine Jugend ist ohne Freude in einem erschöpfenden Kampf mit Menschen und Umständen dahingegangen. Meine Kräfte haben versagt, und die Welt hat mir nur Spott und Verachtung entgegengebracht; meine Verwandten haben sich von mir losgesagt – wohin soll ich nun gehen? Wer braucht mich? Was soll ich beginnen?«

»Jeder Mensch kann eine Aufgabe für sich finden, kann sich Achtung und Liebe erzwingen! Das allein ist es nicht; dahinter steckt noch etwas anderes, etwas, das mich empört und das ich mir nicht erklären kann! Gestehe es doch, daß du ihn noch immer liebst!«

Er sah sie forschend und durchdringend an. Sie schwieg.

»Du widersprichst mir nicht? Du liebst ihn noch immer, hoffst also noch immer?«

»Ich habe nichts, auf das ich hoffen könnte!« entgegnete sie.

»Das sagt dir dein Verstand, das Herz aber hat seine eigene Logik!«

Vergebens erwartete er, sie würde ihm widersprechen. Sie stand schweigend auf, ging in ihr Zimmer und schloß die Türe hinter sich.

6

Wiederum vergingen einige Tage. An einem stillen, klaren Abend gingen Losnitzki und Anna durch die Felder spazieren; sie war in ruhiger, beschaulicher Stimmung, und auch er schien Träumereien hingegeben, ließ aber von Zeit zu Zeit den Blick auf ihrem Gesicht ruhen, das alle ihre Gedanken und jede Regung ihrer Seele widerspiegelte.

Sie stand in diesem Augenblick völlig unter dem Zauber der sie umgebenden Natur: Vor ihr lag die Stadt, die sich grau vom hellen Himmel abhob und deren spitze Kirchtürme hoch aufragten, und sich, kaum merklich, in dem strahlenden Raum verloren. Ein ungeheures, halb verfallenes Gebäude bot dem Staunen der Jahrhunderte seine gradiosen Formen dar und glich dem Körper eines enthaupteten Riesen. Schlingpflanzen verhüllten seine häßlichen Glieder und rankten sich zärtlich an ihm empor. Dahinter erschienen die Hügel der Sevennen, im Schein der Sonne zart beleuchtet, umweht von der durchsichtigen klaren Luft des Südens.

»Worüber grübelst du?« fragte Losnitzki plötzlich, nachdem er sie längere Zeit schweigend beobachtet hatte.

»Über nichts Besonderes.«

»Ich habe dich die ganze Zeit über betrachtet. Du hast bisweilen ein so merkwürdiges Gesicht, besonders wenn du nachdenklich vor dich hinblickst wie jetzt. Ich denke darüber nach, wie viele Menschen schon über deine Schönheit gesprochen haben. – Aber was wissen sie von deiner Schönheit, die doch nur ich allein wirklich kenne –«

»Bitte, sprich nicht darüber!« unterbrach ihn Anna.

»Ich wußte, daß du zürnen würdest, aber ich mußte es doch sagen!«

»Gehen wir!« bat Anna und erhob sich.

»Sogar meine Bewunderung und mein Verständnis für dich scheinen dir unangenehm zu sein«, bemerkte Losnitzki bitter.

»Gehen wir – wohin du willst!« In ihrer Stimme lag jener Ton von apathischer Trauer, den Losnitzki nur allzugut kannte. Von

Mitgefühl ergriffen, nahm er mit äußerster Zärtlichkeit ihre Hand und führte sie nach Hause. Sie folgte ihm willenlos, doch seine herzliche Regung war ihr nicht entgangen, und sie empfand traurige Zärtlichkeit für ihn. Erinnerungen an ihre erste Liebe, an ihre Jugend stiegen in ihr auf und lösten sich in einer leisen, zarten Melancholie. Zum erstenmal fühlte sie sich, nach Hause zurückgekehrt, von ihrem Zimmer angenehm berührt, wo alles ihrem Geschmack und ihren Gewohnheiten angepaßt war.

Sie setzte sich in ihren niedrigen, weichen Fauteuil, und Losnitzki nahm in ihrer Nähe Platz. In der behaglichen und wohligen Stimmung erheiterte sich ihr Gemüt zusehends, und bald sprudelte sie über von Scherzen, Gelächter und Gesprächigkeit.

Losnitzki bemühte sich, ihre Fröhlichkeit noch zu steigern, und begann, ihr Anekdoten und Vorfälle aus seinem Leben zu erzählen.

Anna hörte ihm schweigend zu und wurde immer ernster, als er auf seine galanten Abenteuer zu sprechen kam und von einer etwas leichten Dame zu erzählen begann, mit der er während Annas letzter Abwesenheit zusammengekommen war. In nachlässigem, beinahe zynischem Ton schilderte er die Abenteuer dieser Frau und seine eigene Beziehung zu ihr, bis Anna es nicht länger ertragen konnte und ihn bat, aufzuhören. Diese geckenhafte Art, sich mit Abenteuern zu brüsten, überraschte sie bei Losnitzki, von dem sie solches nicht erwartet hätte. Ihre eigenen Erlebnisse mit ihm waren so voll von Ernst und bitterer Verzweiflung gewesen, daß ihr die alltäglichen Züge seines Charakters bis jetzt nie zum Bewußtsein gekommen waren.

»Deine Verstimmung berührt mich sonderbar«, bemerkte Losnitzki etwas ironisch, »doch ist das ein charakteristischer weiblicher Zug. Solche Beziehungen zwischen Männern und Frauen, wie ich sie dir soeben geschildert habe, sind sogar notwendig und steigern noch die Liebe des Mannes zu einer bestimmten Frau. Leider ist kein weibliches Wesen imstande, das zu begreifen.«

Anna staunte immer mehr. »Ich hätte das ganz und gar nicht erwartet«, sagte sie, indem sie aufstand und im Zimmer auf und ab zu gehen begann.

»Dir erscheint dies alles gemein«, bemerkte Losnitzki, »aber glaube mir, mein Herz ist dennoch imstande, das Schöne und Reine zu lieben und anzubeten!«

Anna antwortete nicht. Da Losnitzki sah, daß die Situation endgültig verdorben war, nahm er Abschied und ging, ohne daß sie sich bemüht hätte, ihn zurückzuhalten.

7

Anna hatte bald Gelegenheit, auch noch andere Züge an Losnitzki zu entdecken, die geeignet waren, ihr Mißfallen zu erregen. Die eintönige und abgeschiedene Lebensweise des Paares mußte die kleinlichen Charakterzüge der beiden hervorkehren und des öfteren unangenehme Reibungen bewirken. Anna lehnte sich heftig gegen alles auf, was ihr als Schwäche oder Fehler erschien, und war hierüber durch nichts zu beruhigen. Ihr Urteil über Losnitzki war um so strenger, als sie in ihm ehemals ein vollkommenes Ideal gesehen hatte.

Er wieder empfand in ihren strengen Urteilen nur Ausflüsse schlechter Laune und den Ausdruck jener Antipathie, wie man sie einem verhaßt gewordenen Menschen entgegenbringt. Es schien ihm nun, als wolle sie durch die Härte ihrer Kritik nachträglich die grundlose Abkühlung ihrer Gefühle rechtfertigen.

Die Beziehungen zwischen Anna und Losnitzki wurden solcherart immer kälter und gezwungener, denn auch jene Freundschaft, auf die beide so lange gebaut hatten, war unter dem Druck des täglichen Beisammenseins immer mehr geschwunden. Beide litten unter diesem Zustand unsäglich. Losnitzki erkannte deutlich, wie schwierig und bedenklich seine Lage war, wie er in der Gefahr schwebte, binnen kurzem auch den letzten Rest ihrer Achtung zu verlieren; dennoch aber konnte er sich zu einer Trennung nicht entschließen.

Endlich machte er ihr den Vorschlag, nach Rußland zurückzukehren, ohne daß er sich überlegt hätte, ob dies für sie auch angebracht sei. Anna willigte ohne Widerspruch ein und erkundigte sich nicht einmal nach dem Zeitpunkt der Abreise, als sei es ihr völlig gleichgültig, wo sie sich aufhalte und mit wem. Um ihren Ruf war ihr nicht mehr bange, denn es gab niemanden auf der Welt, um dessentwillen sie diesen Ruf rein zu erhalten bestrebt sein mußte.

Losnitzki aber hatte es mit der Reise nicht eilig. Er wartete. Die junge Frau suchte inzwischen vergebens nach irgendeiner Beschäftigung, die geeignet gewesen wäre, ihrem Leben einen Inhalt zu verleihen. Sie las Dichter und Philosophen, versuchte heute dies und morgen jenes; aber nirgends vermochte sie auf die sie quälende Frage eine Antwort zu finden. Manchmal geriet sie in eine sonderbare, fieberhafte Erregung, suchte dann die einsamsten Orte auf, durchstreifte die Hügel und gab sich ganz ihren Gedanken hin.

Manchmal wieder stürzte sie sich auf die Bücher und verbrachte ganze Tage und Nächte mit deren Lektüre. Sie schaffte sich dicke Hefte an und füllte sie mit Notizen; bald aber ließ sie Hefte und Bücher wieder achtlos liegen, als sei sie nun überzeugt, das Gesuchte in ihnen nicht finden zu können.

Die Röte ihres Gesichtes war jetzt verschwunden, die durchsichtige Haut wurde immer gelblicher, ihre Augen waren von dunklen Ringen umgeben und erschienen dadurch noch größer und ausdrucksvoller.

Bisweilen saß sie am Ufer des kleinen Flusses und sah dem eintönigen Spiel der Wellen zu, die, wie von einer unsichtbaren Kraft getrieben, am Ufer zerstoben, zusammenstießen und unbekümmert, in ewiger Wiederkehr, ihren Weg talabwärts fortsetzten. Anna verspürte keinen Überdruß bei der Betrachtung des ewig gleichen Bildes: Teilnahmsvoll beobachtete sie den Wechsel von Tag und Nacht, von Leben und Tod.

Losnitzki sah dies alles besorgt mit an. Er beschwor sie, einen Arzt kommen zu lassen, da sie bestimmt krank sei, doch Anna widersetzte sich dem hartnäckig.

Losnitzki wußte keinen Rat und schwankte, ob er bleiben oder zur Abreise drängen sollte. Eine Begebenheit der nächsten Tage löste seine Zweifel.

Anna war wie gewöhnlich früh am Morgen ausgegangen und den ganzen Tag über fern geblieben. Als der Abend hereinbrach und es draußen bereits dunkelte, ohne daß sie heimgekehrt wäre, begann Losnitzki unruhig zu werden. Er verließ das Haus und ging in der Richtung jener Örtlichkeiten, die Anna am häufigsten aufzusuchen pflegte.

Er pochte an die Türen der Hütten, hielt Vorübergehende an und fragte mit immer steigender Angst, ob sie nicht eine Dame von hohem, schlanken Wuchs und blasser Gesichtsfarbe gesehen hätten.

Der eine oder der andere Bauer wußte zu berichten, er habe sie am Morgen in der Nähe des Flusses erblickt, andere waren vor einigen Tagen mit ihr zusammengetroffen; den einen hatte sie um ein Glas Wasser gebeten, den anderen darüber befragt, ob der Fluß wohl tief sei.

Erschöpft vor Müdigkeit und Angst, beschloß Losnitzki, nach Hause zurückzukehren, in der Hoffnung, Anna dort bereits anzutreffen. Als er die Stadt erreichte, schlief schon alles, und er mußte lange an seiner Haustür rütteln, bis ihm geöffnet wurde. Auf seine ängstliche Frage, ob Anna inzwischen heimgekehrt sei, musterte ihn der alte Diener erstaunt, und Losnitzki erkannte sofort, daß dieser von der Abwesenheit der jungen Frau überhaupt nichts wußte.

In schweigender, düsterer Verzweiflung ging Losnitzki durch die leeren Zimmer, trat immer wieder an das Fenster und starrte ängstlich auf die öde Straße hinaus. Immer deutlicher spürte er, daß ein Unglück geschehen war. So saß er viele Stunden hindurch ratlos da, den Kopf in die Hände gestützt, bis ein bleierner und doch unruhiger Schlaf ihn übermannte und ihn alles vergessen ließ.

Als er erwachte, stand die Sonne schon hoch am Himmel und bestrahlte freundlich die Gassen der kleinen Stadt. Jedermann ging seiner gewohnten Beschäftigung nach, die Bürger arbeiteten, kauften, verkauften und unterhielten sich wie gewöhnlich.

Sie sprachen besonders lebhaft darüber, daß man soeben die Leiche einer jungen Frau aus dem Fluß gezogen hätte. Man vermutete, sie sei bei dem Übergang über den schmalen Steg unglücklich gestürzt und ins Wasser gefallen, gerade dort, wo die Strömung am reißendsten war.

Für Felix

Nachwort

Wenn ich die Frauen den Männern vorziehe, so deshalb, weil sie den Vorzug besitzen, verstörter zu sein, also komplizierter, scharfsinniger und zynischer, abgesehen von jener geheimnisvollen Überlegenheit, die eine tausendjährige Sklaverei verleiht.«

E. M. Cioran

Apollinaria – Polina – Suslowa, russische Literatin, kühne Vorkämpferin der Frauenemanzipation und glühende Anhängerin der studentischen Nihilistenbewegung, die während der zweiten Hälfte des 19. Jahrhunderts Rußland zukunftsbestimmend prägte, ist in die Geschichte eingegangen als die exaltierte Passion und die »Ewige Freundin« Fjodor M. Dostojewskis. Sie, die Freiheitsbesessene, die unbeugsame Amazone, war von grundauf eine dostojewskische Heldin. Der geniale Schriftsteller, der wie kaum ein anderer die Nachtseiten der menschlichen Seele erschütternd dargestellt hat, liebte sie schrankenlos, wobei Extase, Quälerei und Selbstquälerei ineinanderflossen. Keine andere Frau hat in seinem Leben – auch keine seiner beiden kontrastierenden Ehefrauen – eine so entscheidende Rolle gespielt. Auch sein Werk ist ganz von ihr »durchtränkt«: Apollinaria wurde zum Archetyp all seiner aufsässigen, gedemütigt-revoltierenden Frauengestalten. Ihr späterer Ehemann, der Philosoph und Kulturkritiker W.W. Rosanow, kennzeichnet sie mit einem Satz aus ›Die Erniedrigten und Beleidigten‹: »Meine Dame ist so pervers, daß der Marquis de Sade bei ihr in die

Schule hätte gehen können ... Ja, sie war das verkörperte Böse.« Zugleich schrieb er einem Freund: »Sie war wirklich großartig, ich weiß, daß die Menschen völlig von ihr erobert, gefangen waren ... Sie war eine durch und durch russische Natur, eine Raskolnitza.«

Die Raskolniks – Schismatiker – spielten eine bedeutende Rolle in der russischen Geistesgeschichte des 17. Jahrhunderts. Die Bezeichnung übertrug man später auf Menschen, die kompromißlos, unbedingt, exzessiv waren, eher bereit, sich dem Tode auszuliefern, als ihre persönlichen Überzeugungen aufzugeben. In diesem Sinne stellte Apollinaria Suslowa par excellence den Typus der russischen radikalen Jugend der zweiten Hälfte des 19. Jahrhunderts dar.

Kein Kommentar über sie aber ist enthüllender als die Gestalt der Polina in Dostojewskis ›Der Spieler‹, die eine literarische Widerspiegelung der historischen Apollinaria – natürlich wesentlich in ihrer Beziehung zum Verfasser – darstellt.

Apollinaria Suslowa wurde 1841 als Tochter eines Leibeigenen der einflußreichen Familie Scheremetjeff in Panino (Nishnij-Nowgorod) geboren. Ihr Vater, Prokow Suslow, hat dank seiner Klugheit und seiner ungewöhnlichen administrativen Begabung noch vor der allgemeinen Emanzipation der Leibeigenen (1861) die Freiheit von seinem Grundherren erlangt, blieb aber in dessen Diensten und verwaltete weiterhin die sämtlichen gräflichen Güter. Gegen 1860 ließ er sich in Petersburg nieder, um seinen drei Kindern, zwei Mädchen und einem Sohn, eine höhere Schulbildung zu ermöglichen; knapp acht Jahre später war er bereits Besitzer einer eigenen Fabrik in Ivanovo-Vozneszenk. Eine ähnliche Energie und seine Zähigkeit zeichneten seine beiden Töchter Apollinaria und Nadjesda aus. Kurze Zeit nach der Übersiedlung der Familie Suslow nach Petersburg kamen sie in die Obhut der Madame Hennikaon, die in Moskau ein Pensionat führte, wo den jungen Mädchen Fremdsprachen, vor allem Französisch und Deutsch, und gute Manieren beigebracht wurden. Nach Petersburg zurückgekehrt, nahmen sie an den öffentlichen Vorlesungen der dortigen Universität teil. Beide Schwestern, Nadjesda, die Medizin studierte, und Apollinaria, die eher im Künstlerischen beheimatet war, schrieben damals schon beachtenswerte Artikel, teils zu naturwissenschaftlichen, teils zu sozialen und politischen Fragen, und spielten dank ihrer ungewöhnlichen Intelligenz und ihres feurigen Temperamentes eine bedeutende Rolle in der Petersburger Studentenschaft.

Nadjesda umgab der Nymbus einer Frauenrechtlerin; Apollinaria, die Literatin, stand der Nihilistenbewegen sehr nahe. Zwischen 1850 und 1860 blühte unter der geistigen Führung G. Tschernyschewskjis und D. Pissarevs der Traum einer totalen Umwandlung der russischen Gesellschaft auf. Erste Voraussetzung dafür bildete die Zerstörung beziehungsweise Aufhebung der statuierten Werte. Tschernyschewskji, ein berühmter Literaturkritiker und unbestechlicher politisch-soziologischer Beobachter seiner Zeit, war ganz auf den Materialismus Feuerbachs und den utopischen Sozialismus Fouriers und Saint Simons verschworen. Sein unbedingter Glaube an den »neuen Menschen«, der aus den Trümmern der herrschenden Gesellschaftsordnung erwachsen sollte, schlug sich in seinem Roman ›Was tun?‹ (1863) nieder, der zum Kultbuch der radikal gesinnten Jugend wurde. Karl Marx war davon so beeindruckt, daß er 1870 Russisch zu lernen begann, eigens um diesen Roman im Original lesen zu können, Lenin wählte 1903 den Titel ›Was tun?‹ für eine seiner strategischen Schriften. 1862 wurde Tschernyschewskji verhaftet als Inspirator der Studentenrevolten und Bauernunruhen, die 1861/62 ausbrachen und deren Höhepunkt, die verheerenden Brandstiftungen in Petersburg, den Nihilisten zugeschrieben wurden.

In Turgeniews Roman ›Vater und Söhne‹, der den Konflikt zwischen der in den 40er Jahren großgewordenen, von einem idealistischen Humanismus geprägten Generation der »Väter« und der rebellierenden illusionslos-materialistischen Jugend der 60er Jahren spiegelt, finden wir die erste Beschreibung dessen, was ein Nihilist ist: »Ein Nihilist ist ein Mensch, der sich keiner Autorität beugt, der kein einziges Prinzip auf Treue und Glauben annimmt, mit wieviel Respekt dieses Prinzip auch sonst anerkannt worden wäre.« Allein die Vernunft wird maßgebend und die sich daraus ergebende absolute intellektuelle Aufrichtigkeit. Der deutsche Idealismus, der auf geistiger Ebene bislang ausschlaggebend gewesen war, und die »lügenhaften Konventionen der Gesellschaft« wurden nunmehr kritisch und radikal verworfen. Erstes Ziel der studierenden Mädchen Anfang der 60er Jahren wurde: Bildung und Unabhängigkeit, um dem »unterjochtem Volke« die neuen befreienden Erkenntnisse beibringen zu können.

Die vom Gedankengut Proudhons und Alexander Herzens entflammte Apollinaria Suslowa – in ihren sonst so intimen Aufzeichnungen finden sich immer wieder Anklänge an soziale und politische Probleme – wurde selber eine Zeitlang Leiterin einer sogenannten »Sonntagsschule«, die zu den ersten Errungenschaften der revolutionären, radikal-sozialistischen Jugend gehörte. Apollinaria war eine hinreißende und überzeugende Exponentin dieser neuen Generation. Die liberal-umstürzlerischen Ideen, die den Menschen aus allen seinen Zwängen – moralischen, gesellschaftlichen und familiären – befreiten, entsprachen aufs engste ihrer ureigenen Veranlagung. Das Entgrenzende und das Freiheitbegründende zeichneten ihre Gedanken, Gefühle und auch ihre Erwartungen anderen Menschen gegenüber aus. Genau dieses Merkmal war in Dostojewskis Augen die Eigenart des russischen Volkes und damit auch seiner aufbegehrenden oder gedemütigten Romanhelden. Der Glaube an den durch die Wissenschaft verheißenen »neuen Menschen« im Tschernyschewskjischen Sinne, das Postulat, die sozialen Vorgänge seien wissenschaftlich berechenbar und der Mensch schrankenlos umerziehbar, stießen aber auf Dostojewskis Ablehnung und wurden zur Zielscheibe seiner gnadenlosen Kritik. »Rezepte« zur Erschaffung des neuen Menschen gab es für ihn nicht. Seine Sozialkritik wurde von der Überzeugung getragen, daß die Freiheit des Individuums das Fundament jeder Moral sei. Diese Freiheit begründet ebenso die Unberechenbarkeit menschlichen Tuns, die Dostojewskis Werk und Leben maßgebend geprägt hat.

Die Regierungszeit Nikolaus I. (1825–1855) gehört zu den blutigsten Kapiteln der russischen Geschichte – die politische wie soziale Unterdrückung waren selten so extrem durchgeführt worden. Die Dekabristenbewegung und die Bauernaufstände, während derer Dostojewskis Vater, ein Landarzt, von seinen Leibeigenen ermordet wurde, hatten eine furchtbare repressive Reaktion zur Folge. Seit 1830 schlugen die Intellektuellen sozusagen erbittert zurück. Die Kreise, die Alexander Herzen, dessen Synthese von Westlertum und Slawophilentum die Idee der »potschwa«, des »Volksbodentums«, entstehen ließ, und Nikolaj Stankewitsch gründeten, waren die erste, die eine saint simonistisch gefärbte Opposition an den Tag legten. Die öffentliche Macht versuchte diesen »Verfall«, der aus dem »verrotteten Abendland« kam, einzudämmen. Ohne Erfolg, denn Herzen und Belinskji propagierten weiterhin unerschrocken die Philosophie Hegels und die Theorien von Charles Fourier. Dostojewski gehörte damals den Petraschewzen an, deren »prophetesse« die französische Romancière George Sand war. »Dieser Kreis bestand aus begabten, außerordentlich klugen und sehr gebildeten jungen Menschen, die aber nervös, krankhaft und gebrochen waren.« (A. Herzen) Ihre Sozialkritik – »Sie revoltierten aus genialischem Edelmut und wollten mit den Mitteln der Aufklärung eine universale Gerechtigkeit herbeiführen« (Friedrich Hitzer) – berührte den jungen russischen Schriftsteller so sehr, daß Spuren ihres Einflusses in seinem ersten Roman ›Arme Leute‹ (1846) greifbar sind. 1848 wurde Dostojewski denunziert, dem radikalen, regierungsfeindlichen Zirkel anzugehören, dessen Anführer der Sozialist Sergej Durow war, und nach einigen Verhören wurde er zum Tode verurteilt. Der Grund offenbart die Willkür der Staatsgeschäfte unter Nikolaus I. Dostojewski hatte lediglich den Behörden verschwiegen, daß in seinem Freundeskreis regierungsfeindliche Briefe des Schriftstellers Belinskji an Gogol verbreitet worden waren. Diese forderten keineswegs zur Revolution auf, sondern setzten sich einzig für die Befreiung der leibeigenen Bauern und für die Einführung eines ordentlichen Rechtssystems ein. Das genügte für ein Todesurteil. Ein Gnadengesuch auf Umwandlung der Todesstrafe in vier Jahre Zwangsarbeit und vier Jahre Militärdienst in Sibirien wurde vom Zaren zwar gebilligt, zur Abschreckung führte man aber dennoch den Schriftsteller vor ein Erschießungskommando ... Am Tag darauf wurde er deportiert. Von 1850–1854 büßte er seine Strafe in der Festung Omsk ab. Danach verbrachte er noch vier weitere Jahre als gemeiner Soldat in Semipalatinski, wo er seine erste Frau Maria D. Isajewa kennenlernte und 1857 heiratete. Kurze Zeit danach traten erstmals seine epileptischen Anfälle auf. Ende 1857 kehrte Dostojewski nach Petersburg zurück. Der 1860/62 erschienene Roman ›Aufzeichnungen aus einem Totenhaus‹, der auf seine Exilerfahrungen gründet und das sibirische Zuchthaus als Metapher für die menschliche Gemeinschaft schlechthin darstellt, machte ihn weltweit berühmt. Gemeinsam mit seinem Bruder Michail gründete er 1861 die Zeitschrift *Wremja* (Die Zeit), deren politische Einstellung slawophil und reaktionär war. Der durch das Arbeitslager gebrochene und durch die Lungenkrankheit seiner Frau stets besorgte Schriftsteller begegnete kurz darauf die junge, temperamentvolle Apollinaria Suslowa. Sie war 21 Jahre, er war 40 Jahre alt.

Die damalige russische Jugend sah im Verschworenen des Petrachewskji-Zirkels, im ehemals zum Tode Verurteilten ein Opfer des autokratischen Systems, einen Märtyrer und Helden. Die große innere Umwandlung, die er im Exil durchgemacht hatte, war ihr teilweise unbekannt. So jubelten die Petersburger Studenten dem Utopisten und Sozialkritiker zu und übersahen dabei die religiöse und individualistische Dimension, die nunmehr den berühmten Schriftsteller auszeichnete. Dostojewskji hielt damals in studentischen Kreisen öffentliche Vorlesungen ab, dort traf er eines Abends Apollinaria Suslowa. Sie war großgewachsen, üppige rothaarige Zöpfe und wache blaue Augen machten sie sehr anziehend. Die intellektuellen Allüren und die Brille, die sie damals trug, vermochten es nicht, das exaltierte bäuerlich-sinnliche Mädchen in einen Blaustrumpf zu verwandeln. Nach Dostojewskis Tochter soll sie ihm einen überschwenglichen Brief geschrieben haben. Apollinaria schwärmte für George Sand und hatte eine Erzählung verfaßt, für die sie den bewunderten Dichter um ein Urteil bat. Sie begannen sich regelmäßig zu treffen, zunächst in der Redaktion der Zeitschrift (bereits im September publizierte *Wremja* Apollinarias 1. Erzählung mit dem Titel ›Einstweilen‹), danach bei Michail Dostojewski, schließlich in tête-à-tête. Nach ihrem Tagebuch und einigen persönlichen Briefen zu urteilen, war Apollinaria, als sie 23jährig Dostojewskis Geliebte wurde, noch jungfräulich gewesen; allerdings keineswegs aus moralischen Vorurteilen, sie trat öffentlich für die freie Liebe ein, sondern einfach, weil keiner sie bislang zu entflammen vermocht hatte. Er wurde ihre erste aufzehrende Passion. »Ihr Instinkt hatte in ihm, der zugleich Tyrann und Opfer war, eine erotische Eigenart erspürt, die ihren eigenen sexuellen Widersprüchen entsprach. Sie zeichnete sich aus durch ein Miteinander von Begierde und Frigidität, von sexueller Neugierde und Abscheu vor dem Sinnlichen.« (Marc Slonim)

Moralisch und in ihrem Gefühlsleben kamen sie zwar einander nahe, aber in sexualibus muß da einiges doch dem Temperament der jungen Frau zuwider gelaufen sein. Die »Perversionen« des Liebhabers riefen in ihr eine instinktive Abscheu hervor. Sie hat bei Dostojewski die physische Liebe nicht als Überschwang vitaler Kraft kennengelernt, nicht als das gesunde Lachen des erlösten Fleisches, sondern vermutlich in den Konvulsionen einer durch Krankheit und Mißglück verbitterten Wollust, die sich am Rande des Wahnsinns bewegte. In der Liebe gibt es keine Gleichheit, er wußte es wohl, der 1879 schrieb: »In den Beziehungen zwischen Mann und Frau muß unweigerlich ein Teil leiden, ein Teil wird unweigerlich verletzt, beleidigt.« Apollinaria sagte er voraus: »Du kannst mir nicht verzeihen, daß du dich mir hingegeben hast. Und du wirst dich dafür rächen.«

Das Konzept eines Briefes von Apollinaria an ihren Geliebten von 1863 enthüllt manches ihrer Beziehung: »Du ärgerst Dich darüber, daß ich geschrieben hätte, ich erröte über meine Liebe zu Dir (. . .) Niemals bin ich wegen meiner Liebe zu Dir errötet; sie war schön, sie war herrlich! Daß ich wegen unseres früheren

Verhältnisses errötet sei, das konnte ich Dir allerdings schreiben; aber das ist ja für Dich nichts Neues, das habe ich nie verhehlt, und oft genug vor meiner Abreise ins Ausland war ich gewillt, unsere Beziehung abzubrechen.« Das genaue Datum dieses Briefes bleibt unbekannt, hierin wird aber unumhüllt auf den Grund hingewiesen, weshalb von Anfang an Dostojewskis und Apollinarias Beziehung getrübt gewesen war, und warum diese unbedingte junge Frau später, ihre Aufzeichnungen legen ein beredtes Zeugnis ab, sich zu Ausbrüchen eines scheinbar grundlosen Hasses gegen ihn hat hinreißen lassen.

Ob der geniale Dichter gleich erspürt hat, welche bedeutende Rolle diese junge Studentin in seinem Leben spielen sollte, ist nicht gewiß. Eines ist aber sicher: Ab Frühjahr 1863 geriet er in eine totale Abhängigkeit, in einen alles übertönenden Liebesrausch. Apollinaria ist nunmehr die Mitte und der Inhalt seiner Existenz, die bald eine doppelte wird. Die Krankheit seiner Frau, Maria Dimitriewna, fesselte ihn an ein freudenloses, ganz der Einsamkeit seines Zimmers hingegebenes Eheleben. Seine Leidenschaft für die turbulente Suslowa lodert um so mehr auf. Michail, der innig geliebte Bruder, der stets Dostojewskis erste Ehe für ein Irrtum hielt, schützt und encouragiert die Liaison mit der nihilistischen Studentin. Das Paar beschließt, den Sommer gemeinsam in Europa zu verbringen. Am 25. Mai wird die Zeitschrift *Wremja* auf Befehl der Regierung hin eingestellt: Ein Artikel von Nikolaj N. Strachow, engster Mitarbeiter Dostojewskis, dessen Aufsätze sich meist gegen den Nihilismus der jungen Generation richteten (!), war nicht entschieden genug gegen den Polenaufstand vom Januar 1863 und für die Petersburger Regierung eingetreten. Dies wurde als »rebellischer Akt« folgenschwer gedeutet, der Chefredakteur mußte sich in unendlichen Besprechungen rechtfertigen und zeitraubenden administrativen Maßnahmen stellen. Apollinaria brach alleine nach Paris auf, wohin der Geliebte im Sommer nachkommen sollte. Nach der Liquidation der Zeitschrift (die 1864 unter dem Namen *Epocha* wieder erschien und nunmehr einen Ausgleich zwischen konservativen und reformlerischen Ideen anstrebte) begab sich Dostojewski zum zweiten Mal nach Westeuropa, seine erste Reise hatte 1862 stattgefunden, um Apollinaria in Paris zu treffen.

Die Briefe des Schriftstellers offenbaren, daß er der jungen Frau gegenüber, abgesehen von seiner ekstatischen Hingerissenheit, auch ein Gefühl tiefer Schuld empfunden hat. Dominique Arban, die zu den bekanntesten Dostojewski-Experten gehört, begründet dieses Schuldgefühl wie folgt: »Apollinaria Suslowa hatte eines der fundamentalen Bedürfnisse des Dichters durchschaut, das des Attentates. Sogar er selber ist sich auch dank seiner jungen Geliebten dieser Tatsache bewußt geworden.« Apollinaria hat in Dostojewski den potentiellen Verbrecher erspürt, der später in der Gestalt des Stavrogin der ›Dämonen‹ zu Wort kam. Die Zerstörung um ihrer selbst willen, der Drang nach Beleidigung, Verletzung des anderen wurzelten in den Untiefen seines intimen Lebens. Strachow, der nach dessen Tod Dostojewskis Biographie geschrieben hat, enthüllt in einem Brief an Tolstoj, wie sehr der geniale Schriftsteller von niederträchtigen Taten angezogen war und sich dessen noch rühmte: »Dostojewski befand sich oft in Erregungszuständen, die Mitleid verdient hätten, wäre er dann nicht so gemein gewesen. Am meisten glich ihm dann der Held aus den ›Aufzeichnungen aus einem Kellerloch‹. Der im Herbst 1863 erschienene Text nach der Rückkehr von der Reise mit Apollinaria Suslowa, Lisa, »die ehrbare Dirne«, kristallisiert einige ihrer Wesenszüge entschüsselt ebenso radikal das Seelenleben seines Autors wie die geistigen Tendenzen der damaligen Zeit. Dort legt der »paradoxe Mensch« das Geständnis nieder: »Wir wissen nicht wohin, an wen uns halten, was lieben und hassen, was achten und was verachten.«

Das bedrückende Schuldbewußtsein läuft kontrapunktisch zu dem des »überflüssigen Menschen«, einem Topos der russischen Literatur schlechthin. Das Leiden an der Grundlosigkeit der Existenz bildet den Grundtenor dieser Aufzeichnungen, ebenso aber das Motiv Henker-Opfer: Dem Kellermenschen, gleich einem Janus, sind beide Gesichter zu eigen. Auch in den Romanen ›Der Idiot‹ und ›Der Spieler‹ ist dieses Schuldgefühl unüberhörbar.

Trotz dieser Komplexitäten (»Und wieder fragte ich mich, liebe ich sie? Und wieder vermochte ich nicht darauf zu antworten, besser gesagt, ich antwortete mir zum hundersten Mal, daß ich sie hasse. Ja, sie war mir verhaßt. Es hat Augenblicke gegeben, und zwar jedesmal am Schluß unserer Gespräche, da ich die Hälfte meines Lebens geopfert hätte, um sie zu erdrosseln! Ich schwöre, wenn es möglich wäre, langsam ein scharfes Messer in ihre Brust zu stoßen, ich hätte, glaube ich, mit Genuß danach gegriffen.« aus: ›Der Spieler‹, erstes Kapitel) blieb Apollinaria stets die »ewige Freundin«, die dem durch die Spielleidenschaft ruinierten Schriftsteller im Oktober 1863 nach ihrer Trennung dennoch die 350 Rubel lieh, die ihm die Rückreise nach Petersburg ermöglichten, und an die Dostojewski auch nach seiner zweiten Ehe weiterhin vertrauliche Briefe schrieb.

Sie hingegen konnte sich einer tiefen Enttäuschung und Bitterkeit nicht erwehren. Die junge Studentin »hatte gehofft, der geniale Dichter würde sie durch seinen Geist beleben, weiterführen, mußte aber betroffen eingestehen, daß sie ihn durch die Sinne beherrschte, ja geradezu knechtete« (Henri Troyat). Seine Sinnlichkeit verlangte vermutlich nach ungeahnten sadomasochistischen Elementen. Die Hauptgestalt des ›Spielers‹ drückt es folgendermaßen aus: »Ich bin einfach verrückt (. . .) Warum ärgern Sie sich über mich? Daß ich mich einen Sklaven nenne? Bedienen Sie sich Ihres Sklaven, tun Sie es bitte! Ob Sie wissen, daß ich Sie irgendwann einmal umbringen werde? Nicht, weil ich Sie zu lieben aufhörte oder aus Eifersucht, nein, ich bringe Sie einfach um, weil ich Sie mitunter aufessen möchte.«

Wie weit aber war die ungebrochene und sehr absolute Apollinaria solchen Widersprüchen gewachsen? Die Tatsache, daß sie alleine nach Paris abreiste, spricht schon für die ambivalenten Gefühle, die ihr damals Dostojewski einflößte. Die drei bis vier Monate, die sie vergeblich auf ihn wartete, lösten sie innerlich von ihm, bzw. eine neue Liaison mit einem spanischen Studenten namens Salvador (Erlöser!) übertönte die zerquälte Leidenschaft zu dem russischen Dichter. Der junge Spanier war schön, unkompliziert, voller Vitalität. In ihm begegnete Apollinaria der lateinischen Sinnlichkeit, der unbekümmerten, durch keine Grübelei unterminierten physischen Liebe. Eine neue Welt eröffnete sich der temperamentvollen Russin. Eine ungestüme Leidenschaft flammte in ihr auf, Salvadors Begehren kühlte hingegen schnell ab. Die Passion der jungen exzentrischen Frau machte ihm angst. Er gab vor, an Typhus zu leiden, und machte sich wortlos davon. Diese Untreue traf Apollinaria zutiefst. Ihre Nächte wurden zur Hölle, Entsetzen und verzweifelte Tränen füllten ihren Alltag. Gerade zu diesem Zeitpunkt traf Dostojewski, nach einem viertägigen Aufenthalt in Wiesbaden, wo er sich zum ersten Mal an das Roulette gewagt hatte und von der Spielleidenschaft ergriffen wurde, in Paris ein. Die Aufzeichnungen der Apollinaria Suslowa beginnen mit seiner Ankunft in der rue Soufflot, wo sie ein bescheidenes Zimmer bewohnte. Die ersten Worte der jungen Geliebten waren überraschend und bestürzend: »Du kommst etwas zu spät. Noch vor kurzem hatte ich davon geträumt, mit dir nach Italien zu reisen, und sogar begonnen, Italienisch zu lernen. Innerhalb weniger Tage, in einer Woche ist alles anders geworden. Du hast einmal gemeint, ich sei nicht fähig, mein Herz schnell zu verschenken – nun habe ich es in wenigen Tagen hingegeben, auf den ersten Ruf, ohne Widerstand, ohne Gewißheit, ja fast ohne Hoffnung . . .«

Das Tagebuch gibt im folgenden das Gespräch wieder, das zwischen Apollinaria und Dostojewski stattgefunden hat. Die Distanz, fast Nüchternheit, die die Schilderung ihres Pariser Wiedersehens kennzeichnet, bürgt für die Authentizität des Berichtes. Wenn auch keine bedeutende, so war Apollinaria doch eine Schriftstellerin. In ihrem Tagebuch berichtet sie – der Dokumentcharakter dieses Textes ist unbestreitbar – in der später verfaßten Erzählung ›Der Eine und Einzige‹, die in *Epocha* erschien, verarbeitet und transponiert sie ins Literarische ihre Pariser Begegnung mit Dostojewski. Die Dialoge decken sich teilweise mit denen der Tagebuchblätter. Bezeichnend ist aber, daß Anna, die weibliche Gestalt der Erzählung, die Apollinarias dunkle Stimmung nach ihrer Trennung von Dostojewski wiedergibt, am Ende Selbstmord begeht.

Kurz nach seiner Ankunft in Paris schrieb Dostojewski seinem Bruder Michail nach Petersburg: »Jetzt ist für mich alles traurig und hart« (27. 4. 1863). Apollinaria gegenüber nahm er die großzügige Haltung eines brüderlichen Trösters, eines verstehenden Freundes ein. Lange Gespräche über die Stürme von Haß und Liebe, über das unstillbare Bedürfnis nach Rache, das die verletzte Frau nunmehr gegen Salvador empfand, enthüllen nicht nur ihr Inneres, sondern auch das seinige, das zwischen unterdrücktem Begehren, Eifersucht und Innigkeit schwankte. Die Notizen der ersten Septembertage berichten über so manche Besuche Dostojewskis bei Apollinaria und über ihre zufälligen, aufwühlenden Begegnungen mit dem spanischen Studenten. Ihr Vertrauen zum ehemaligen Geliebten wird immer tiefer, gerührt und betroffen preist sie sein Verständnis und seine freundschaftliche Treue, weint sich auf seine Schulter aus. Am 5. September brechen sie gemeinsam nach Italien auf über Baden-Baden, so Dostojewski wieder vom Spielrausch ergriffen wird. Die verdrängte Leidenschaft für Apollinaria, für die er nur noch ein Bruder sein darf, und die Ekstase des Spielens scheinen zu verschmelzen. Das Spiel wird sogar für ihn der Sexualakt, den sie ihm verweigert (vgl. Henri Troyat). 1866 schrieb Dostojewski die Erzählung ›Der Spieler‹, die »Beschreibung einer Art von Hölle, einer Art von Sträflingsschwitzbad – das Gücksspiel« (Brief an Strachow, 18./30. Sept. 1863 aus Rom). In diesem Text, der ein Selbstporträt des Dichters ist, klingt die Haßliebe durch, die damals Dostojewski und Suslowa unüberwindlich verband. »Ich begreife ganz und gar nicht, was an ihr zu finden ist! Hübsch ist sie allerdings, das glaube ich schon: hübsch, ja, gewiß. Sie bringt ja auch andere um den Verstand. Schlank und rank. Bloß zu dünn. Mir scheint, daß man sie zu einem Knoten binden oder in der Mitte knicken könnte. Der Abdruck ihres Fußes ist schmal und lang – peinigend. Peinigend, das Wort stimmt. Ihr Haar schimmert rötlich. Die Augen sind veritable Katzenaugen, doch wie stolz und hochmütig sie einen damit anzublicken versteht.«

Er wird seinerseits zur ständigen Zielscheibe ihrer enttäuschten Liebe. »Sie versteht all dies so gut. Der Gedanke, wie sehr sie für mich unerreichbar ist, wie sehr mein Begehren unmöglich zu realisieren sei, diese Gedanken vermitteln ihr ein höchstes Glück.« Apollinaria mag eher an Lermontows Satz gedacht haben: »Das Leben ist, wenn du kühl und nüchtern um dich herumschaust, ein so lächerlicher, so vergeblicher Witz . . .«

Die gemeinsame Reise über Turin, Genua und Livorno führt weiter bis nach Rom und Neapel. Schon aus Turin gibt ein Brief Dostojewskis an seinen Bruder in seiner melancholischen Schlußbemerkung preis, wie sehr ein zerreißender Unterton diese Reise geprägt hat. »Über die Einzelheiten meiner Reise erzähle ich dann mündlich. Viele verschiedene Ereignisse, aber entsetzlich verdrießlich, trotz Apollinaria Prokofievna: Hier erträgt man das Glück nur mühsam, weil man von allen getrennt ist, die man bis dahin geliebt und für die man oftmals mitgelitten hat. Glück zu suchen, nachdem ich alles, sogar das, wofür ich hätte nützlich sein können, hingeworfen habe, ist Egoismus, und dieser Gedanke vergiftet jetzt mein Glück, wenn es überhaupt ein solches ist« (20. 9. 1863). In Neapel trafen sie Alexander Herzen, dem Dostojewski Apollinaria als eine Verwandte vorstellte. »Er behandelt mich in der Öffentlichkeit wie eine Schwester, so daß sein Verhalten Herzen einigermaßen befremdet haben dürfte.« Herzen, der die Situation gewiß durchschaut hatte, bemerkte über die junge Nihilistin, sie sei »sehr intelligent« (17. 6. 1865).

Kurz darauf entfachte sich zwischen dem Paar eine heftige Diskussion über die Frauenemanzipation. Der politische und soziale Standpunkt Apollinarias lief dem Geschichts- und Weltbewußtsein Dostojewskis radikal zuwider. Sie sympathisierte mit den extremistischen Bewegungen, die sich unter Alexander II. einen Weg bahnten, er hingegen verteidigte eine idealistische Ethik, die eher in der »alten Welt« verwurzelt war. Streitereien, zärtlich-ambivalente Versöhnungen – die Verbindung hielt nicht mehr zusammen. Anfang Oktober kehrt Apollinaria aus Berlin, wohin die Reise zuletzt geführt hatte, nach Paris zurück.

»Warum haben Sie aufgehört, ihn zu lieben?« fragte sie viele

Jahre später ihr Ehemann W.W. Rosanow. »Ich hatte mich ihm liebend ganz hingegeben, ohne etwas zu verlangen oder zu berechnen. Er hätte ähnliches machen können! Er handelte aber anders, und ich habe ihn daraufhin verlassen . . .« Im September 1864 war die Enttäuschung in Haß umgeschlagen: »Man spricht mir von Fjodor Dostojewskji. Ich verabscheue ihn einfach. Er hat mich so gequält, obwohl er es hätte verhindern können.« Ihr Leiden ist ebenso unbedingt wie ihr Stolz: »Werde ich einmal meinen Stolz ablegen können? Nein, das ist unmöglich, besser ist es zu sterben!« Zugleich bekennt sie: »Ich möchte meine Trauer endlich abschütteln!« Apollinaria reist von Paris nach Versailles, von Spa nach Zürich, wo die Ausbildung ihrer jüngeren Schwester Nadejsda ihr sehr am Herzen liegt. Rastlos wechselt sie ihre Liebhaber und stürzt sich in zahllose Abenteuer. Sinneslust und Ekel gehen ineinander über. Das Fazit ist beklagenswert: »Jetzt weiß ich, ich sehe es ganz klar, daß ich nicht lieben kann und weder Glück noch Lust in der Liebe zu empfinden vermag, weil die Liebkosungen der Männer mich stets an die vergangenen Beleidigungen und Leiden erinnern.«

Für Dostojewski war vermutlich die Symbiose von physischem Begehren, erlittenem, ebenfalls zugefügtem Schmerz und Imagination das Fundament einer kreativen Passion. Apollinaria hingegen strebte unverbrüchlich nach absoluten, »reinen« Gefühlen und vor allem nach Freiheit. Die Revolte, im zwischenmenschlichen wie im gesellschaftlichen Bereich, war ihr ureigenes Element. Die Heldinnen der großen Romane Dostojewskis kristallisieren allesamt dieses Merkmal. Die Passion für Apollinaria Suslowa hat ebenso sein Leben wie sein Werk geprägt, in dem sie stets eine wegweisende Gestalt verkörpert. Nastasia Philipovna, ebenso wie Aglae in ›Der Idiot‹, Dunia, Raskolnikovs Schwester in ›Schuld und Sühne‹, Lisa in den ›Dämonen‹, Katja in ›Die Brüder Karamazov‹, Akmakone in ›Der Jüngling‹ und ganz besonders natürlich Polina in ›Der Spieler‹. Apollinarias literaturhistorische Bedeutung als Widerspiegelung und obsessive Gestalt des genialen russischen Autors ist unbestreitbar, wie es der bekannte

Petersburger Slawist Sergej Dolinin nachweist. Die literarische Produktion der Suslowa (›Einstweilen‹ 1861; ›Vor der Hochzeit‹, 1863; ›Der Eine und Einzige‹, 1864; ›Der eigene Weg‹, 1864; ›Die Fremde und die eigenen‹, unveröffentlicht), die stets das Ideal der emanzipierten Frau feiert, ist hingegen ausgesprochen zweitrangig.

Hat er sie so geliebt, weil sie seinem literarischen Suchbild entsprach, oder hat Apollinaria ihn so »besessen«, daß er sie zum Archetyp seiner Frauengestalten gewählt hat? Vermutlich beides – eine Verflechtung von Leben und Literatur, die nicht rational zergliedert werden kann.

Erst ein Jahr nach ihrer Trennung wird Dostojewski wieder in ihren Aufzeichnungen erwähnt. Die »ewige Freundschaft« war nicht abgebrochen, wie der Briefwechsel zwischen 1865–1867 beweist. Leider ist der größte Teil davon abhanden gekommen oder ruht noch in unzugänglichen Archiven.

Apollinaria hielt sich zwar weiterhin hauptsächlich in Paris auf – die Erinnerung an Salvador und ihr Verlangen nach Rache bestimmen ihren Alltag –, Europa blieb ihr aber weiterhin fremd. Ihre ablehnende Einstellung der westlichen Welt gegenüber resümiert Dostojewskis Kritik der französischen Leichtsinnigkeit und der deutschen überheblichen Borniertheit. Apollinaria fühlte sich angesichts der westlichen Dekadenz als Barbarin, ihre vernichtende Kritik der Pariser Sitten nimmt den berühmten Topos des Cato wieder auf: »Dieses Volk wird zugrundegehen!« Verbittert suchte sie nach neuen Erlebnissen – eine internationale Galerie von Liebhabern, ein Amerikaner, ein älterer Engländer, ein holländischer Arzt, ein Georgier, ein Franzose sogar, begründeten ihren Ruf als »Femme fatale«. »Nach reifen Überlegungen bin ich zu dem Schluß gekommen, daß man alles anstellen muß, was man für nützlich hält«, schrieb Ende 1864 die früher konzessionslos Hingegebene. Eine gebrochene Passionaria, die in ihrer ausschweifenden Suche nach Liebe und Gewißheit jetzt ihre Macht über ihre Verehrer erprobt.

Im Frühjahr 1864 lernte Apollinaria zwei russische Literatinnen kennen, die auch in Paris lebten, Gräfin Salias de Turnemir, unter dem Pseudonym Jewgenia Tur als Autorin zahlreicher Erfolgsromane bekannt, und Marja Markewitsch (alias Marko Wowtschock), die von Turgeniew entschieden beeinflußt und unterstützt wurde. Apollinaria war auf dem ersten Blick von der Gräfin Saliás fasziniert (vgl. Brief vom 17. 4. 1864). Zwischen beiden entstand im Laufe der folgenden Jahre eine enge Freundschaft, die ihre gemeinsame Begeisterung für die Frauenemanzipation und die ebenfalls gemeinsame Ablehnung Turgeniews zementierte. Dank der Gräfin Saliás kam Apollinaria erneut mit dem Kreis von Alexander Herzen in Berührung, dessen utopischer Sozialismus mit slawophilen Tendenzen die ehemalige Geliebte Dostojewskjis fesselte. Herzen, der im zweiten Band des Goncourtschen Journals (1863) als »sokratische Maske mit dem warmen und transparenten Inkarnat Rubenscher Porträts« definiert wird, war ja auch ein Freund Dostojewskis, obwohl letzterer die revolutionären Ansichten des damals so einflußreichen Schriftstellers keineswegs teilte. In diesem Umfeld lernte Apollinaria so manche revolutionsbegeisterte, radikal-nihilistische junge Männer kennen, die die in Rußland verbotenen und sogar verfolgten Ideen nach Paris brachten. Ihr Tagebuch spiegelt das intensive Leben wieder, das sie damals geführt hat.

Wie wenig Dostojewski sich seinerseits von der »ewigen Freundin« zu lösen vermochte, bezeugt sein Briefwechsel mit Nadejsda Suslowa. Die kühne Schwester Apollinarias wurde 1865 aufgrund ihrer extremistischen Postulate aus der Militärischen Chirurgischen Akademie in Petersburg ausgeschlossen. Sie siedelte nach Zürich über, um ihr Medizinstudium fortzusetzen, und beendete es zwei Jahre später in Graz mit einer bemerkenswerten Dissertation über die Physiologie der Lymphknoten. 1870 heiratete sie einen Schweizer Professor der Zoologie, Friedrich Erisman, und ließ sich mit ihm in Moskau nieder. Dort spielte sie als Gynäkologin eine bedeutende Rolle und genoß als erste Ärztin Rußlands große Popularität. Bei dieser beachtenswerten jüngeren Schwester Apollinarias schüttete Dostojewski sein Herz aus und klagte bitterlich über die ehemalige Geliebte. »Apollinaria ist eine große Egoistin. Egoismus und Ehrgeiz sind in ihr kolossal entwickelt. Sie fordert von den Menschen *alles*, sie fordert alle Vollkommenheiten, sie verzeiht keine einzige Unvollkommenheit in der Verehrung anderer guter Züge, und sich selbst befreit sie von den geringsten Verpflichtungen anderen Menschen gegenüber. Sie wirft mir bis heute vor, daß ich ihrer Liebe unwürdig war, sie beklagt sich und macht mir unaufhörlich Vorwürfe« (19. 4. 1865).

Der Schwester gelang es, die Liebenden wenigstens aus der Entfernung zu versöhnen. In Wiesbaden trafen sie Ende des Jahres erneut zusammen. Dostojewski bat Apollinaria, seine Frau zu werden. Sie aber lehnte das verbittert ab. Die gegenseitige Idealisierung hatte aufgehört, nicht aber die gegenseitige Quälerei. »Als sie sich seiner Unterwürfigkeit, seine Freude geschlagen zu werden, sicher war, als sie seine Begierde angestachelt hatte, verspürte sie das unüberwindliche Verlangen, ihn mit Füßen zu treten, ihn zu verletzen, um sich an ihm für alle Beleidigungen und alles Scheitern ihrer konfusen Existenz zu rächen.« (Marc Slonim)

Apollinaria fuhr nach Paris zurück; das Bedürfnis nach Freiheit bestimmte weiterhin ihr Leben: »Lieber aus Langeweile zu sterben, aber frei, unabhängig von der äußeren Welt, treu den eigenen Überzeugungen, und Gott seine Seele zurückzugeben ebenso unbestechlich und rein, wie man sie bekommen hat, eher als nachzugeben, einzuwilligen in niedrigen, unwürdigen Dingen. Ich empfinde das Leben als so gemein, so jämmerlich, daß ich es kaum ertragen kann. Mein Gott, ist es möglich, daß es immer so weitergeht? Lohnte es sich überhaupt, geboren zu werden?«

Die Unbedingtheit der Raskolnitza ließ sie zeitlebens keinen Widerspruch zwischen Wort und Tat hinnehmen. Auch der zweite Heiratsantrag, den ihr Dostojewski Mitte November machte, als sie sich in Petersburg aufhielt, stieß wiederum auf Ablehnung. Ihre Pariser Freunde ermutigten sie zwar, diesen Schritt zu wagen, um dadurch Dostojewskis Zeitschrift *Epocha* in ein radikales Blatt umzuwandeln – ihr Einfluß auf den Dichter war allgemein bekannt –, sie ließ sich aber nicht darauf ein. Im Gegenteil, ihre Aufzeichnungen aus jener Zeit berichten: »Heute habe ich Fjodor Dostojewski gesehen. Wir haben uns ununterbrochen gestritten und uns gegenseitig widersprochen.«

Unter den Zügen der Nathalie Wassilievna in ›Der ewige Gatte‹ beschreibt er sie: »Von Natur aus leidenschaftlich, grausam und sinnlich, verabscheute sie ein ausschweifendes Leben bei anderen und war selber unmoralisch, ohne daß es jemand fertiggebracht hätte, sie von ihrer eigenen Perversion zu überzeugen.«

Ein Jahr später wird Dostojewski Anna G. Snitkin, eine neunzehnjährige Stenographin, der er in 24 Tagen den ›Spieler‹ diktiert hatte, als er 1866 unter extremen Zeitdruck stand und in Begriff war, dem Wuchervertrag des Verlegers zum Opfer zu fallen, bitten, seine Frau zu werden. Vier Jahre lang hielt er sich mit ihr in Westeuropa auf, vornehmlich in Deutschland, um den russischen Gläubigern zu entkommen.

Das Tagebuch der Apollinaria Suslowa schließt mit dem 6. November 1865. Ihre Sehnsucht nach Rußland, um dort »für das Volk arbeiten zu können«, führte sie über Spa nach Petersburg zurück. 1868 legte sie in Moskau eine Prüfung als Lehrerin ab und eröffnete darauf eine Mädchenschule im Dorf Iwanowo (Kreis Wladimir), um die Bauernkinder der Umgebung zu unterrichten. Da sie im Verdacht stand, Mitglied der nihilistischen Partei zu sein, wurde sie ununterbrochen von der dortigen Polizei beaufsichtigt. »Sie ist zu frei in ihren Ansichten und geht nicht in die Kirche«, hieß es von ihr. Ein Bericht der »Polizeiarchive, 3. Sektion, Nr. 609, Jahr 1868 lautet: »Apollinaria Suslowa ist bekannt als eine der wichtigsten Nihilistinnen. Sie proklamiert öffentlich deren Lehren und hat im Ausland enge

Beziehungen zu regierungsfeindlichen Kreisen gehabt.« Die Schule wurde daraufhin zwei Monate später geschlossen.

Dostojewskis Brief aus Dresden vom 23. April 1867, in dem er über seine Heirat berichtet, über seine epileptischen Anfälle und seine finanzielle Lage, stellte vermutlich die Beziehung wieder her. »Ich weiß von Deinem Leben im vergangenen Jahr nichts. Ich weiß auch nicht, was in Deinem Herzen vorging, aber nach all dem, was ich von Dir weiß, dürfte es Dir schwerfallen, glücklich zu sein.

O meine Liebe, ich möchte Dir nichts vom wohlfeilen Glück erzählen, das keiner entbehren kann. Ich achte Dich (und habe Dich immer geachtet) um Deines anspruchsvollen Wesens willen, aber ich weiß doch, daß Du nicht anders kannst, als das Leben zu verlangen, und Du siehst selber die Menschen entwedet in strahlendem Glanz oder gleich als gemeine und triviale Kerle.«

Nach dem Tagebuch der Gattin Dostojewskis zu urteilen, wurde der Briefwechsel zwischen beiden wieder recht lebhaft. Am 27. 4. 1867 schrieb Anna Grigorievna: ». . . ich kehrte nach Hause zurück, um einen Brief zu lesen, den ich in Fedjas Schreibtisch gefunden hatte . . . Dieser Brief war von der S . . . Nachdem ich ihn gelesen hatte, wurde mir ganz kalt vor Aufregung, ich zitterte und weinte sogar. Ich fürchtete, die alte Neigung würde wieder erwachen und seine Liebe zu mir verdrängen.« Ferner am 2. Mai 1867: »Ich hatte das Gefühl, es müsse ein Brief von *ihr* dort sein . . . Ich bin überzeugt, sie ist mächtig erbost über Fedjas Heirat, und der Ton ihres Schreibens läßt ihren Ärger erraten . . .« Schließlich am 26. Juni 1867, als sie ihm gegenüber auf Apollinaria Suslowa anspielte, antwortete er knapp und barsch: »Er behalte sich das Recht vor, zu korrespondieren mit wem er wolle; er habe eben ein Verhältnis, und ich sollte es nicht wagen, ihm Schwierigkeiten zu machen.«

Über das Jahr 1867 hinaus gibt es keine weiteren Dokumente, weder Briefe noch Tagebuchaufzeichnungen, die auf eine fortgeführte Beziehung schließen ließen. Die Biographie Dostojewskis, die seine Tochter Lujbov 1919 herausgegeben hat und die sehr vorsichtig zu behandeln ist, weist in unverhohlener Eifersucht auf die Bedeutung, die »eine junge Studentin« im Leben des Dichters gespielt hat, und bestätigt, daß die Heldin des ›Spielers‹, Polina, ein genaues Konterfei der Geliebten des Vaters gewesen ist. Mit einer unbeherrschten Abneigung berichtet ferner diese Biographie, Anfang der 80er Jahre, als Dostojewskis Ruhm am Zenit stand, habe ihn eine tief verschleierte, schwarz bekleidete Dame besucht. Wortlos stand sie ihm gegenüber, wortlos schlug sie ihren Schleier zurück. Er soll sie nicht erkannt haben. Erst als sie wieder verschwunden war, habe er plötzlich gewußt, daß diese Dame Apollinaria Suslowa gewesen sei. Zu seiner Frau soll er gesagt haben: »Sie hat sich nicht verändert, aber sie ist derart aus meinem Gedächtnis verschwunden, daß ich sie nicht wiedererkannt habe.« Ob man der Tochter Glauben schenken kann, bleibt in der Schwebe.

Gewiß ist, daß Apollinaria sich 1870 als Übersetzerin betätigt hat, so. z. B. für ›Das Leben Franklins‹ von M. Mignet, und daß sie im selben Jahr auf der Liste der Teilnehmerinnen eines Seminars für Frauenbildung an der Moskauer Universität stand. Sie war damals 32 Jahre alt, stets dunkel gekleidet und in sich selbst vertieft. Danach zog sie zu ihrem Bruder, um sich der Erziehung seiner Kinder zu widmen. Das Klischee der »Femme fatale« wurde hier, ebenso radikal, wie sie alles tat, aus den Angeln gehoben.

1880 hielt sich Apollinaria Suslowa erneut in Petersburg auf, wo sie Wassilji W. Rosanow begegnete. W.W. Rosanow, 1856 in Vetluga geboren, gehörte zu den originellsten enzyklopädischen Naturen seiner Zeit. Philosophie, Theologie und Literatur fesselten ihn gleichermaßen. Ein »genialer Spießbürger«, höhnte Berdjajev, aber zugleich »einer der skandalösesten Rebellen in der Geschichte der russischen und nicht nur der russischen Religiosität, von geradezu dostojewskihafter Intensität und glänzender polemischer Begabung« (H. A. Stammler).

Rosanow entstammte einer bescheidenen Familie aus der tiefsten russischen Provinz und verbrachte nach dem frühzeitigen Tod seines Vaters harte Jugendjahre in der Obhut einer ungeliebten Mutter. Nach dem Studium an der Moskauer Universität wurde er nolens volens Gymnasiallehrer. Seine Passion galt Dostojewski, als dessen Schüler er sich später ausgab, und dessen Werk. Sein Essay ›Dostojewski und seine Legende vom Großinquisitor‹ (1890), in dem er mit aller Schärfe gegen den Rationalismus polemisierte, der seiner Meinung nach dem Verhalten des Großinquisitors wie der Kirche überhaupt zugrunde liegt, bildet eine mystisch-religiöse Interpretation des Dostojewski-Textes ebenso wie eine Formulierung der eigenen irrationalistischen Geschichtsphilosophie. Rosanows These der Irrationalität des menschlichen Wesens trieb ihn nach der Ablehnung jedes positivistischen, aufgeklärten »Modernismus« zu geschichtsmythologischen Spekulationen, die oftmals gefährliche Grenzen berührten und teilweise zu heiklen Mißverständnissen führten. Seine zutiefst apolitische Natur wurde später der Linken ein Skandalum, »schockierte [aber ebenfalls] die Rechte der bien-pensants durch seine phantastische Unkonventionalität und die Absonderlichkeit seiner Themenstellung« (H. Stammler). Über sich selber sagte Rosanow lakonisch: »Ich bin ein erstaunlicher Mensch. Die Literatur trage ich wie meinen Sarg – mir zur Trauer – mir zur Abscheu.«

Es ist keineswegs verwunderlich, daß die Begegnung mit Apollinaria Suslowa für ihn bestürzend und zukunftsbestimmend wurde. Er war 24 Jahre, sie war 40 Jahre alt, intelligent, unabhängig und bis ins hohe Alter von enigmatischer Schönheit. Und sie war die stürmische Geliebte des »Meisters« gewesen!

Im selben Jahr wurde die Ehe geschlossen. Die Verbindung mit der »ewigen Freundin« Dostojewskis nahm für Rosanow den Charakter eines erotischen Mystizismus an. Eine kosmische, vom Sexus geprägte Religiosität, die im Alten Testament wurzelte, eine »triebgespeiste Inspiration«, zeichneten seine Gedankenwelt aus. Gerade diese alles übertönende erotische Obsessivität muß Apollinaria Suslowa gleich nach der Eheschließung abgestoßen haben. Ähnlich wie bei Dostojewski war sie wieder statt auf Geist auf Lust und Begierde gestoßen – trotz ihres ausschweifenden Lebens suchte sie dort, wo sie wirklich liebte, ein Höheres, ein Absolutes. Der »zu mystischen Gluten angefachte Sexus Rosanows« (Stammler) zerstörte die zunächst vielversprechende Beziehung. Zinaida Hippius, eine enge Freundin des jungen Philosophen, berichtet, schon in der ersten Woche des gemeinsamen Lebens habe Rosanow sich jeden Morgen »im Wasser seiner Tränen gewaschen«. Bald wurde das Zusammenleben zur Hölle. Der Ehemann verglich seine einst Angebetete mit Katharina de Medicis, die während der Bartholomäus-Nacht ganz unerschüttert am Fenster gestanden habe, um auf die fliehenden Hugenotten zu schießen, »gleichgültig hätte sie auch Verbrechen begonnen«. Apollinaria verfolgte ihrerseits den entsetzten Partner mit Ausbrüchen von Eifersucht und Haß. Seitens der jungen Studenten ihres Mannes holte sie sich, was sie zu ihrem physischen Gleichgewicht brauchte. Nach sechs Jahren der gegenseitigen Tortur kam es zu einer endgültigen Trennung. »Ich erinnere mich«, schreibt dennoch Rosanow, »wie ich nach Apollinarias Abreise weinte und wie ich während der folgenden beiden Monate nicht wußte, wohin mich flüchten und wie ich meine Tage verbringen sollte. In dem Leben mit einer Frau ist man mit ihr von Sekunde zu Sekunde so fest zusammengeschweißt, daß sich bei einer Trennung eine furchtbare gähnende Leere auftut, in welcher es schwer ist, auch nur für einen Augenblick Vergessen zu finden.«

Zum Zeitpunkt der Trennung hatte Rosanow bereits zwei Kinder aus einer Verbindung mit Warwara Rudnjewa. Apollinaria willigte dennoch nicht in die Scheidung ein, so daß die Kinder lange Zeit als unehelich angesehen und dadurch, wie es damals in Rußland üblich war, der bürgerlichen Rechte enthoben wurden. Die Erpressung war aber keineswegs einseitig. Rosanow weigerte sich seinerseits, Apollinaria einen eigenen Paß ausstellen zu lassen – die Freiheitsdurstige konnte somit nicht über ihre Bewegungsfreiheit verfügen –, vielleicht in der Hoffnung, sie würde wieder zu ihm zurückfinden. 1897 gab er nach, endlich bekam sie den ersehnten Reisepaß, aber erst 1902 wurde die Trennung gerichtlich anerkannt. Apollinarias gebrochene Unbedingtheit war in einen zersetzenden Machtwillen umgeschlagen. Sie soll sich nach der Trennung von Rosanow als Erzieherin eines jungen Mädchens betätigt haben, das ihre Tyrannei nicht zu ertragen vermochte und sich daraufhin ertränkt hat. Sogar der eigene alte Vater Suslow, bei dem sie Zuflucht in Nishnij-Nowgorod suchte, bemerkte lakonisch über die Ungestüm-Verbitterte: »Der Feind des Menschengeschlechtes hat sich in meinem Haus niedergelassen. Ich kann selber nicht mehr darin wohnen!«

Apollinarias Spuren verlieren sich in Sewastopol auf der Krim-insel. Dort hat sie einen Kindergarten gegründet und ist 1919 während der Wirren der Revolution gestorben.

Warum ist die Gestalt der Apollinaria Suslowa und ihre Aufzeichnungen ›Jahre der Nähe zu Dostojewski‹ dem Vergessen zu entreißen? Worin liegt die Aktualität der Verfasserin und ihres fixierten Selbstgesprächs?

Ein Tagebuch ist ebenso ein Ausdruck narzistischer Seelenerkundung wie eine historische Widerspiegelung der Dialektik von Welt und Ich. Subjektivismus und Geistesgeschichte, Selbstanalyse und Register der kollektiven Welterfahrung verschmelzen im Wort des Bekennenden. Die Russen gehören, so G. R. Hocke, zu den »tagebuchfreundlichsten Völkern Europas«, dank ihrer Neigung zur Grübelei, zur Zergliederung seelischer Regungen, zur »heimlichen Aussprache« mit sich selbst über verbotene Ideen und Weltprobleme. Das Tagebuch der Apollinaria Suslowa ist im Sinne Amiels ein »schmerzstillendes Mittel«, ein »psychologischer Wegweiser«, ebenso wie ein Exponent der nihilistischen Mentalität, die am Ende des 19. Jahrhunderts die russische intellektuelle Jugend charakterisierte. Eine scharfe Beobachtungsgabe, eine kritische Distanz zeichnen diese Blätter aus, knapp 160 Seiten, die ein emanzipierter, freiheitsdurstiger, noch nicht befreiter gewiß – die Autorin war erst Anfang zwanzig – Zugang zur Realität prägt. Die Passion und Antipassion zu Dostojewski mit ihren zerstörerischen und selbstzerstörerischen

Implikationen übertönt alle anderen Themen. Der Dichter ließe sich als der allgegenwärtige Abwesende dieser Aufzeichnungen deuten, die mit der Entzweiung beider Liebenden beginnen. Er bildet den unüberhörbaren Kontrapunkt zu allen suslowischen Variationen. Kontrapunkt gewiß, die führende Stimme behält stets sie. Klingt im Tagebuch der Anna Grigorievna, Dostojewskis zweiter Frau, eine Auslöschung der Identität der liebenden Frau an, so flammt in dem der Apollinaria stets ein unbändiger Freiheitswille auf, der ihr Leben bis zum Schluß geprägt hat.

Die Aktualität, die »Modernität« der Apollinaria Suslowa liegt in ihrer luzid-selbstbewußten, kritisch-unabhängigen Haltung Personen und Ereignissen gegenüber. Sie versinnbildlicht trotz ihrer bitteren Niederlagen, ihres paradoxen unerfüllten Suchens das Postulat, welches Alexander Herzen in seinen Lebenserinnerungen folgendermaßen formulierte: »Die Idee war die Emanzipation der Frau, die zur Mitarbeiterin an dem allgemeinen Kulturwerk aufgerufen wurde, die Rückgabe ihres Schicksals in ihre eigenen Hände und ein Bund mit ihr als gleichwertige Persönlichkeit.«

Selten hat in Europa die gebildete Gesellschaft dem Emanzipationsstreben der Frau so viel Verständnis und Sympathie entgegengebracht wie in Rußland. Die soziale wie geistige Unabhängigkeit der Frau ist dort stets eine selbstverständliche Voraussetzung der menschlichen Freiheit überhaupt gewesen. Im russischen Mittelalter genoß die Frau die gleichen Rechte wie der Mann, sie verwaltete selbstverantwortlich ihren eigenen Besitz und zog sogar in den Krieg an der Seite ihres Gefährten. Die Invasion der Mongolen im 13. Jahrhundert setzte dieser Autonomie zunächst ein Ende. Die Frau wurde in den Teren verwiesen und verlor ihre individuelle wie gesellschaftliche Unabhängigkeit. Erst Peter der Große gab ihr teilweise die eingebüßte Freiheit wieder zurück, von ihm stammt das Gesetz, das den Eltern untersagt, die Töchter zur Ehe zu zwingen. Das 18. Jahrhundert war in Rußland im weitesten Sinne das Jahrhundert der Frau. Mehrere Zarinnen bestiegen den Thron und regierten autokratisch. Eine Frau, die Prinzessin Daschkow, wurde zur Präsidentin der »Akademie der Wissenschaften« ernannt. In der zweiten Hälfte des 19. Jahrhunderts schlug sich der weibliche Freiheitsdrang besonders im Bereich der Volksbildung nieder: Die Petersburger und Moskauer »Kursistinnen« mit kurzgeschnittenen Haaren, blauen Brillen und exaltierten Gefühlen, die Büchermappen unterm Arm, stürmten die medizinischen und pädagogischen Bildungsanstalten. Das führte zu einem »Amazonengeschlecht, kernig und frauenhaft, genußsüchtig und großzügig, rücksichtslos und human« (Nadja Strasser).

Ob dies eine Folge der in Rußland nicht nach dem westlichen Muster ausgeformten Feudalgesellschaft, des nicht die Mann-Frau-Beziehung bestimmenden Kodex des Rittertums und der Minne-Ethik war? Darin liegt das Besondere, das die russische Frau zu einem von der westlich-europäischen Vorstellung abweichenden Typus gestempelt hat: Ihre Lebenssphäre, ihr Tun und Wollen wich in allem, was nicht physiologisch bedingt war, kaum von dem des Mannes ab. Das prägte natürlich entschieden die Einstellung beider Geschlechter zueinander, in der vornehmlich tolerante Gleichberechtigung und trotz des Weiblich-Verführerischen stets eine gewisse Kameradschaftlichkeit ausschlaggebend war. Das Beziehungsmuster der westlichen Welt, zumal seit dem 19. Jahrhundert, wird dadurch aus den Angeln gehoben.

Typische literarische Beispiele dafür bilden Puschkins Tatjana in ›Eugen Onegin‹, die in selbstbewußter, stolzer Unbefangenheit den Geliebten zurückweist, oder Tolstojs ›Anna Karenina‹, die sich unwiderruflich für den Geliebten entscheidet gegen alle Spielregeln der Gesellschaft. Die Dekabristenfrauen in ihrem aktiven wie passiven Heroismus standen den literarischen Sinnbildern keineswegs nach. Sie waren im wahrsten Sinne Kampfgefährtinnen, die unabhängig mitdachten, verantwortungsvoll mitwirkten. Das virile Element, das die russische Frau auszeichnet und das an die Viragos der italienischen Renaissance erinnert, löscht aber keineswegs in ihr das »ewig Weibliche« aus. Ganz im Gegenteil – die selbstverständliche Gleichberechtigung und Mitverantwortung potenzieren es eher. Ein bestechendes Beispiel bildet Lou Andreas-Salomé, deren ungebrochene Widerstandskraft, kompromißlose Elastizität und stets latenter Freiheitsdrang die russische Frau schlechthin kennzeichnen. Gewiß waren diese Merkmale zeitenweise der gebildeten oder adligen Frau vorbehalten. Dank der nihilistischen Bewegung wurden im 19. Jahrhundert diese Postulate aber auch den Töchtern der Leibeigenen zugänglich. Apollinaria und Nadjesda Suslowa haben sie auf einzigartige Weise verwirklicht.

Verena von der Heyden-Rynsch

Bibliographie

Arban, Dominique: Dostojewskji le coupable, Paris 1953

Dolinin, Sergej: Dostojewskji und Apollinaria Suslowa, Moskau 1925

Dostojewskaja, A.G.: Tagebuch, München 1925

Dostojewskji, Fejdor M.: Aufzeichnungen aus einem Kellerloch, Ditzingen 1984, Nachwort v. Hans Walter Poll

ders.: Der Spieler, Ditzingen 1992, Nachw. Elisabeth Markstein

ders.: Gesammelte Briefe 1833–1881, Herausgeber: Friedrich Hitzer, München 1996

Grossman, Leonid: Dostojevski, Paris 1973

Herzen, Alexander: Erlebtes und Gedachtes, Weimar 1953

Rosanow, W.W.: Solitaria, Vorwort v. H. Stammler, 1963

Slonim, Marc: Les trois amours de Dostojevski, Paris 1955

Roberts, Spencer, E.: About Rozanov, o.O.

Stammler, H.: W. W. Rosanow, Merkur 13, 1959

Strasser, Nadja: Die Russin, Berlin 1917

Suslowa, Apollinaria: Jahre der Nähe zu Dostojewskji, S. Sabachnikov, Moskau 1928

Troyat, Henri: Dostojevski, Paris 1940

Volet, Helena: La femme au temps des derniers tsars, Paris 1992